健康中国视阈下
我国群众体育组织研究

徐永峰 著

中国商务出版社
CHINA COMMERCE AND TRADE PRESS

图书在版编目(CIP)数据

健康中国视阈下我国群众体育组织研究/徐永峰著
.--北京:中国商务出版社,2019.12
ISBN 978-7-5103-3207-4

Ⅰ.①健… Ⅱ.①徐… Ⅲ.①群众体育—体育组织—研究—中国 Ⅳ.①G812.16

中国版本图书馆 CIP 数据核字(2019)第 282198 号

健康中国视阈下我国群众体育组织研究

JIANKANG ZHONGGUO SHIYU XIA WOGUO QUNZHONG TIYU ZUZHI YANJIU

徐永峰　著

出　　版:中国商务出版社有限公司

地　　址:北京市东城区安定门外大街东后巷 28 号　　邮　　编:100710

责任部门:职业教育事业部(010-64218072　295402859@qq.com)

责任编辑:魏　红

总 发 行:中国商务出版社发行部(010-64208388　64515150)

网　　址:http://www.cctpress.com

邮　　箱:cctp@cctpress.com

排　　版:北京亚吉飞数码科技有限公司

印　　刷:北京亚吉飞数码科技有限公司

开　　本:787 毫米×1092 毫米　1/16

印　　张:12.5　　　　字　　数:162 千字

版　　次:2020 年 3 月第 1 版　　印　　次:2020 年 3 月第 1 次印刷

书　　号:ISBN 978-7-5103-3207-4

定　　价:76.00 元

前　言

随着现代社会的不断发展,人们的生活水平日益改善和提高。当人们的基本需求得到满足后,便开始追求更高的层次,如今人们在拥有了更多业余时间和消费能力后便把目光投向了群众体育活动上。从较高的层面来看,党和政府一直非常重视群众的健康问题,为此特在 20 世纪 90 年代中期颁布了具有划时代意义的文件——《全民健身计划纲要》。而在新时代下又提出了"健康中国"发展战略,大力倡导群众体育活动无疑是符合"健康中国"战略要求的。如此便能够更好地将群众体育运动纳入到大文化的范畴,使其真正成为社会主义精神文明建设中不可或缺的组成部分,这是事关我国国民体质提升乃至中华民族兴衰的大事。

目前,我国的群众体育运动开展势头良好,不同社会群体对于相关活动的关注度和参与度逐年上升。通过群众体育活动的开展,群众越发了解体育健身的多方面价值,为获得积极的健身效益,以至于更多的人愿意为体育而支付一定的费用。这些变化在过去几乎是很难看到的。从国家层面上也不难看到一系列支持政策的出台,这些都给群众体育活动的茁壮成长添加了更加肥沃的土壤。而为了能够继续巩固和提升身处现代社会中的群众参与体育健身的重要价值,特撰写《健康中国视阈下我国群众体育组织研究》一书,以期为进一步普及和推广群众体育运动探索出一条可持续发展的道路。

本书共有七章内容,其结构、内容和特点如下。

(1)对理论部分的阐述较为系统和易懂。第一章和第二章作为理论部分主要阐述了群众体育组织与管理的理论体系,系统说明了群众体育的相关理论问题以及在"健康中国"视阈下我国群众体育的发展情况。

(2)对实践部分的研究较为实用和富有可操作性。第三章和第四章作为实践部分主要研究了我国不同类型群众体育活动组织的方案设计方法以及群众体育手段的选择指导。这部分内容有助于读者选择适合自身需求的体育健身方式,这是他们获得理想健身效益的第一步。

(3)增加了理论与实际结合的部分,即将群众体育与广西少数民族传统体育进行了融合。第五章至第七章特别将群众体育与广西少数民族传统体育进行了结合,以此来展现理论指导实践的成果。

撰写书籍的工作总是艰难的,其间也能深刻感受到"书到用时方恨少"。因此,在撰写过程中本人参考了一些专家学者的资料,在此向他们的辛勤劳动表示感谢。另外,由于撰写水平有限,成书后仍难免有些不足之处,恳请读者予以批评指正,不胜感激。

作　者
2019 年 9 月

目　　录

第一章　群众体育组织与管理的基本理论体系 ················· 1

　　第一节　群众体育概述 ··· 1

　　第二节　群众体育组织理论体系 ························· 11

　　第三节　群众体育管理理论体系 ························· 21

第二章　"健康中国"视阈下我国群众体育的发展现状分析 ··· 33

　　第一节　"健康中国"的发展背景 ····················· 33

　　第二节　我国群众体育的发展历程 ····················· 38

　　第三节　"健康中国"视阈下群众体育与现代社会的

　　　　　　关系 ··· 40

　　第四节　"健康中国"视阈下我国群众体育的发展现状

　　　　　　与对策 ··· 49

第三章　我国群众体育组织活动方案的设计研究 ············· 58

　　第一节　城市社区体育活动方案的设计 ··············· 58

　　第二节　农村社区体育活动方案的设计 ··············· 70

　　第三节　社会不同人群体育活动方案的设计 ··········· 77

第四章　"健康中国"视阈下群众体育健身手段的选择

　　　　　与方法指导 ··· 88

　　第一节　"健康中国"视阈下群众体育健身的需求 ····· 88

　　第二节　群众体育健身的科学原理 ····················· 95

　　第三节　群众体育健身指导的方法 ····················· 101

第四节　群众体育健身指导的工作程序与操作 ……… 104

第五节　不同运动项目的体育健身指导 …………… 110

第五章　广西少数民族地区传统体育研究 ………… 119

第一节　广西少数民族传统体育文化阐释 ………… 119

第二节　广西少数民族传统体育的多元功能 ……… 124

第三节　广西少数民族传统体育活动开展的现状 … 129

第四节　广西少数民族传统体育运动会的调查与

分析 ………………………………… 133

第六章　"健康中国"视阈下广西少数民族群众体育健身行为

与活动组织研究 …………………… 141

第一节　广西少数民族群众体育健身行为分析 …… 141

第二节　广西少数民族传统体育活动的特征 ……… 149

第三节　广西少数民族群众体育活动的内容、方法与

组织研究 …………………………… 152

第七章　"健康中国"视阈下广西自发性群众体育组织的运行

与发展研究 ………………………… 165

第一节　自发性群众体育组织的概念与构成要素 … 165

第二节　自发性群众体育组织的形成与发展 ……… 172

第三节　广西自发性群众体育组织发展现状与影响因素

分析 ………………………………… 180

第四节　广西自发性群众体育组织的培育与运行策略

研究 ………………………………… 183

参考文献 …………………………………… 188

第一章　群众体育组织与管理的基本理论体系

我国全民健身运动的声势和组织规模日益扩大,切实成为广大群众喜闻乐见的文化活动形式。为此,许多群众性体育组织应运而生。本章就对群众体育活动组织与管理的基本理论进行阐析,以期使人们对群众体育中的理论问题有更深层的了解。

第一节　群众体育概述

一、群众体育的定义

群众体育,也被称为大众体育,是指普通群众以自愿的形式参加的以强身、健体、娱乐、社交等为目的的体育活动。

群众体育的对象涉及全体社会成员,其体育活动的时间多为业余休闲时间。关于群体体育的定义表述具有如下四层含义。

(1)社会全体成员都是活动参与者。

(2)在业余时间进行的。

(3)目的为健身、娱乐或社交需求。

(4)活动形式多样、内容丰富。

二、群众体育产生的背景

体育运动作为客观的事物存在,其本身也始终处于运动发展之中。随着体育运动的发展,人们对其的认识日益加深,对其所能给人们带来的主动价值有了更多的认同。人们愈发乐于积极参与各种体育活动,这使得大众体育已经成为国际体育的发展潮流。

　　大众体育的起源在西方国家,时间为 20 世纪初。其理念首先由顾拜旦于 1919 年 1 月提出,他提出的概念为"一切体育为大众"。众所周知,顾拜旦是国际奥林匹克运动的推动者和倡导者。但其实他在着力推动奥林匹克运动的同时还关注着大众体育的意义,并认为大众体育是奥林匹克运动的基础。

　　20 世纪 70 年代以来,世界主要资本主义国家基本进入了稳定的经济发展时期,人们的生活水平有了显著提高。再加上不断提升的生产力水平,使得人们的劳动时间和强度有了大幅度下降,这为他们参加休闲体育活动带来了必要条件。作为一种提升人们生活质量的活动,大众体育自然得到了人们的积极响应,这也逐渐成为了人们茶余饭后的话题。

　　20 世纪 80 年代,国际体育组织开始致力于大众体育的宣传和普及工作。国际奥委会作为世界最负有盛名的体育组织,于 1985 年设立了"大众体育委员会",该委员会专门负责组织、协调、开展大众体育事务,并于 1986 年在德国召开了第 1 届"世界大众体育大会"。1989 年的第 11 届世界健康大会的调查表明,世界上已经有 89 个国家提出了与大众体育相关的目标。而在次年的世界大众体育健康与营养大会上的调查结果显示,世界上发展大众体育的国家已接近 100 个。1994 年,世界卫生组织开始与国际奥委会一起资助和组织"国际大众体育联合会"。1996 年起,联合国教科文组织、国际体育联合会总会也加入到致力于提倡大众体育的行列中。大众体育在国外的发展可以说是一种体育运动发展的量变过程,是一种重要的全民体育积累的过程。其在今天仍旧处于高度发展之中,不断实现着其对大众和社会发展所应有的体育价值,是体育事业和社会发展的一种积极的体育运动形式。现如今,世界上大多数发达国家都制定了符合本国民众运动需求的大众体育发展计划,有效地推动了本国群众体育的发展。

　　当时间来到 21 世纪,大众体育更是被赋予了更多的内涵,甚至成为一种新潮时尚的事物,其在世界范围内的发展也越来越普及。

群众体育从最初理念的建立,再到不断的发展,直至今天逐步走向成熟,甚至未来的可持续发展,其已经成为国际体育的发展潮流。每一位参与其中的人都期待能从中获得良好的身心体验,期待让运动成为自己生活中的一部分。而这也是形成良好的群众体育文化氛围的重要基础。

三、群众体育的特征

(一)全民性

群众体育,顾名思义,其所参与的对象是所有社会群众。群众体育服务于全国人民,惠及十几亿人口。群众体育的全民性特征赋予了每个人参与体育运动的平等权利,如此可以让全体国民享受体育所带来的诸多价值。群众体育的这种全民性特征还体现出了一种社会性,由此使得群众体育活动不仅在于人人都有参与的权利,也有社会道德和公共规则的约束。

(二)健身性

群众体育的健身性特征是指人们通过参加群众体育中的各类活动,均能从中获得对身体健康有益的效果的特性。在众多群众体育的特征中,健身性可谓是一项最为基础的特征,正是鉴于健身性的存在,才使得人们对群众体育活动更加青睐和积极参与。当前,健康观念和健身意识已经成为社会主导意识,人们甚至开始在体育健身领域消费,且消费数额正呈现出逐年增长的趋势。在良好局面下,群众体育运动的健身性就更应发挥出它的价值,以期满足对各种健康方面有所需求的人们。

(三)娱乐性

群众体育的娱乐性在于人们通过参与活动能够感受到放松心情、舒缓情绪和振奋精神的心理状态。可以说,群众体育的健身性和娱乐性是紧密相连的,正是通过体育活动的健身性,让人们也获得了心理上的放松和欢愉,此时身心的双重良好体验是密不可分的,健全的精神寓于健全的身体之中,身体乃精神之载体。

(四)公益性

群众体育在开展之初就确定了其公益性的本质属性,就决定了这项活动是属于社会公众的,要符合公众的利益。不过,群众体育事业作为一项公益性的社会事业,在社会主义市场经济体制下的发展,并没有要求国家大包大揽,完全成为一种福利事业,它所要求的是政府、社会、公民各自承担相应的责任,如在一些活动中需要人们支付一定的费用,但这也仅仅只能算作获得更好活动体验的行为,并没有彻底改变群众体育公益性特征的本质。

(五)文化性

体育本身就是一种社会文化活动,它兼具多种元素和功能。现如今的许多体育运动最初是由一种游戏或祭祀仪式演变而来的,在此后的长期发展和演变中逐渐形成了附着在体育运动之上的体育文化。实际上,以社会文化行为的形式出现的大众健身运动似一股巨大的文化潮流进入人们的生活方式,成为了如今人们的一种社会需求。在现代,随着生产方式的改变,人们从过去过多的体力劳动转变为了脑力劳动,长此以往就受到了"文明病"的困扰,再加上人们越发关注民族传统体育运动,以及精神文明建设的需要,种种这些都要求体育运动要成为现代人生活中的必需品。群众体育中的诸多项目都具有丰富的文化内涵,它们品位高雅甚至引领着运动潮流,有的则对场地和气氛有很高的要求,有的凝聚着深厚的历史积淀,有的已与音乐和舞蹈融为一体。所有这些富含文化的运动项目都能给运动者带来一种高尚的文化享受。

(六)多元性和灵活性

群众体育具有多元性和灵活性的特征。这两种特征的表现主要有三点，即服务对象、投资主体和工作方式。具体分析如下。

(1)服务对象的多元性和灵活性。群众体育所针对的对象为全体社会公民，那么如此就包含了各类人群，如以年龄划分的话包含少儿、青年、中年、老年，还可以以不同阶层、不同文化程度等来划分人群。为此，群众体育就需要在广泛开展的同时兼具对不同对象的服务。

(2)投资主体的多元性和灵活性。群众体育计划的实施需要一定经费的投入。《群众体育计划纲要》提出："体育部门要改善资金支出结构，逐步增加群众体育事业费用在预算中的支出比重，鼓励企事业单位、社会团体、个人资助体育健身活动。"这说明了投资主体并非是政府一家，还需要社会经济团体、社会筹集和个人投入的辅助。随着我国社会经济的快速发展，投资主体的多元性更加显著，吸收资金的方式也愈加灵活。

(3)工作方式的多元性和灵活性。群众体育的开展呈现出火热的氛围，而组织相关活动的单位除了政府以外，还有众多的社会体育组织、单位体育组织，甚至是社区体育组织等，由此就形成了一个多元的工作体系。人们在参与群众体育之时，可以根据自身的实际情况和活动需求，选择任意一个组织的活动。可以说，每个体育活动组织都有各自固定的消费群体。

四、群众体育的功能

(一)健身功能

现代健康观的观点认为一个人如果只是没有疾病并不能被看作是完全健康的。而真正的健康除了身体健康外，还包括心理健康、道德健康以及良好的社会适应力。群众体育运动之所以受到人们的青睐就在于其根本的健身功能,通过参与其中,人们可以获得生理、心理、道德和社会适应力等全方位的"健康养护"。下面对其进行具体阐述。

1. 增进人体健康

在群众体育的众多功能中,增进人体的健康水平是最重要的,也是被人们最为看重的功能。具体来看,人们通过参加体育健身活动可以锻炼运动系统功能,使肌肉力量更大,骨骼更为结实,关节更加灵活;对循环系统功能来说,可使人的心脏保持在良好状态之中,血管更加富有弹性;对神经系统功能来说,能够改善神经过程的均衡性和灵活性;对呼吸系统来说,可以增加肺活量和保持良好的气管、支气管状态。体育锻炼要求运动者在运动过程中通过反复练习,以达到较高的心肺耐受力、柔韧性、肌肉耐力、灵敏性、平衡性等,实现发展体能的目标,而这也是提高人对社会生活适应能力的方式之一。可以想象,只有当人拥有健康的身体时,才能由内而外地散发他的活力与气质,如此才更有资格享受高质量的生活。

2. 缓解精神压力

社会发展到今天已经变为了一个充满竞争的社会,这使得人们经常生活在快节奏和高压力下。事实上,这种社会大背景使人们在享受现代文明带来的便利的同时,也承受着各方面的压力。再加上环境污染、食品卫生等不利因素,这些问题都给人们的精神世界施加了更多枷锁,直至最终患上不同程度的心理疾病,然后再由心理疾病诱发身体疾病,使人难以逃脱这一恶性循环。体育运动是一项被证明的可以有效缓解精神压力的方式,其多样性、丰富性和趣味性既能很大程度地调动运动者参与的积极性,也会让人短暂转移心情、缓解心理压力,尽情享受运动的快乐。另外,体育运动还提供给人一个人际交往的时间和空间,与众多有着共同运动兴趣的人接触和交流,这都能给人带来精神层面的享受,对于缓解人的心理压力和排解不良情绪是十分有利的。

3. 提高适应能力

体育健身对人的适应能力的提升有着显著的作用。这里所说的人的适应能力是指人在受到外界环境影响后,在中枢神经系统支配下不断调节有机体使之处于正常的、稳定的机能活动状态。如果人长期保持运动健身的习惯,其过程实际上就是一种对新的环境重新适应的过程。得到适应性锻炼的人自然相较其他人更容易在中枢神经支配下承受外界刺激以及妥善协调好各组织系统之间的关系。举个例子来说,对于感冒病症,不经常参加运动的人容易感冒,而经常参加运动的人,特别是那些经常参加户外运动的人则不容易患上感冒。运动的形式是多样的,而且爱好运动的人往往也不止有一项热衷的运动,所以他们经常在各种环境和条件下运动,这会给他们的身体适应能力带来事半功倍的帮助。

4. 医疗保健功能

从某种程度上来说,健身具有医疗保健的功能。如果遵循根据自身实际情况所开具的运动处方进行活动就更能得到理想的医疗保健效果,如此得以全面提高身体体质水平以及对疾病的抵抗能力。在良好体质基础上,即便遇到疾病或受伤的情况,身体的恢复速度也会较常人更快。此外,运动的医疗保健功能更能为一些病人、残疾人和老年人群体带来效果,这是他们延缓衰老和保持身体部分系统功能正常运转的重要方式。不过就需要医生或运动康复人员开具符合自身实际需求的运动处方,保证运动时间、运动强度等科学合理,如此才能在预防损伤的基础上,达到医疗保健的目的。

(二)社会功能

1. 为群众体育构建新平台

我国于20世纪90年代中期颁布了《全民健身计划纲要》,由此拉开大力发展全民健身运动的大幕。随后,一系列与全民健身有关的文件出台,更多更丰富的全民健身活动被组织起来,得到了广大人民群众的响应。由此可见社会各界对全民健身的重视和期待,并将群众体育视为改善我国人民生活质量重要途径,其在当下和未来的发展前景可以说是非常乐观的。在现代社会背景下,人们对诸多事物的理念早已发生了深刻的变化。人们在生活相对富足和余暇时间大大增加的条件下,有了更多的时间来思考应该以何种状态生活,如何提高生活的质量,以及如何达到全面小康社会理论中对人们提出的关于体质和精神方面的要求。

开展体育活动的形式众多,除了社会性的群众体育外,还有如竞技体育和学校体育等。群众体育与其他体育形式相比,它更加注重促进全民体质健康水平的提高,特别是最大限度地发挥人的主观能动性和自我塑造能力,以此实现改善人的身体和精神状态的目标,这正是群众体育存在和受到人们青睐的重要原因。而群众体育给人们带来的体质和精神方面的两个"最佳"正是全面建设小康社会过程中最需要的人力资源基础。从社会发展的角度出发看问题的话,可以认识到群众体育的发展对社会的发展起到极大的促进作用,群众体育在社会发展进程中的作用也是不容忽视的,其意义就在于能够对这种被社会发展和群众体育计划呼唤出来的创新体育予以总结,并将其纳入到新的群众体育计划之中。这无疑是为在新时期推行的群众体育计划构建一个崭新的平台,如此便能将群众体育的功能进一步挖掘出来,造福参与其中的人们。

2. 对社会道德的规范作用

人们在解读群众体育的功能时较常提到的是它对人的健身和健心功能,实际上它对人的全面促进还有一点不容忽视,那就是对人的意志、人格和品德的培养。体育运动在某种意义上规范着人的行为,这得益于几乎每种体育项目对参与者都有规则上的约束。人们参与到体育运动当中,就自然要遵循运动规则,以此完成运动中的各种行为,这会使人形成新的思想意识和道德观念。体育道德自律于人的内心,它是以对个人施加规范性的影响而引导人们作出正确的道德判断和自我调节。长此以往,这种意识不仅能规范运动者在运动中的行为,也有助于他们时刻规范自己在社会中的行为。

人是构成社会的基本单位,通过参与体育运动所获得的对人的影响也会逐渐影响人所构成的社会文化环境。在现代众多的社会文化活动中,体育早已不只是一种单纯的身体活动了,它已经衍生出了一套自身的文化,因此也是对人类文化和文明的一种丰富,特别是在人的精神文化方面上的作用越发值得关注。

总而言之,经常参加群众体育运动对提高人的道德水平和整体素质以及构建和谐社会氛围与环境都是非常有益的。

3. 引导正确的大众价值观

价值观是人们对价值问题的根本看法,而导致价值观多样化的原因就在于人们不同的经历和所处的环境。在不同价值观的引导下,人们便形成了不同的价值取向,追求着各自认为最有价值的东西。对于群众体育来说,不同人在不同价值观的影响下会对其有不同的看法,如判断其价值。但反过来,群众体育也会引导人们的价值观。

(1)参与体育活动能使人注重平等。参与群众体育中的人不分等级、不分民族、不分高低贵贱,凡是参与的人都要遵守运动的规则,都有参与群众体育的权利。群众体育活动构成了相对平等的、使人乐于接受的模式。因此,群众体育活动是最能体现人人平等追求的活动形态,这让参与其中的人能够感受到难得的公平感,如此必将影响人们以平等的观念去处理事物,更有利于在潜移默化中形成人人平等的观念和做出相应的行为。

(2)参与体育活动能使人诚实有爱。通过参加体育活动,可以培养人们的诚信友爱精神。例如,在足球、篮球这种对抗性较强的运动中出现碰撞倒地是非常常见的,如果只是在合理的拼抢动作范畴内,则不必要太过在意,双方表示歉意和友好后就可以继续恢复比赛,这是人们诚实有爱品格的良好表现。在体育活动中的双方都是热衷运动的参与者,有着同样的对运动效益获得的期待,但同时也要做到尊重对手、尊重裁判,坚持公平公正的比赛,这一层面的意义实际上会更大一些,更值得人们欣慰。

(3)参与体育活动能丰富人的情感体验。群众体育为人们提供了难得的以体育为主要形态的沟通交流场所,这也是人们妄图通过体育运动来展现个人情感和活力的平台。在参与体育的过程中,人们可以品尝胜利后的喜悦,也会遇到失败后的沮丧,更能追求内心的自我超越。这些丰富的情感体验都能从体育运动中获得,而这也是一种让人们学会调节各种情绪的良好机会,如此对社会情感的调节起到了重要作用。

4. 促进国民经济的发展

现代社会的快速发展得益于强劲的社会生产力,而带来强劲生产力的是宝贵的人力资源。人的综合素质是生产力的核心,也就是说,人对于生产力的提升起到决定性作用。

人所具备的素质是多样化的,健康素质则是其中的基础,是承载其他素质的载体。一个人,只有具备良好的健康素质,才谈得上学习知识和将所学用于实践。因此,世界各国都格外重视体育对劳动者身体素质的提升作用,期待劳动者能有健康的身体和足够的精神来从事生产活动。为此,我国也应注重提高包括健康素质在内的国民整体素质,否则我们所追求的现代化建设只能是无源之水。

另外,群众体育的开展本身就能在一定程度上带动国民经济的发展,这是由于群众体育的发展并不是单一进行的,现如今它越来越表现出系统化、市场化的发展趋向。随着群众体育而来的是众多体育服务机构的成立,一方面这可以向社会提供更多的就业机会,另一方面其也逐渐成为第三产业中新的经济增长点,进而为刺激经济和拉动内需提供了不小的帮助。

总的来说,群众体育中富含的社会意义众多且深刻,使得其得以深入人们诸多生活方面之中。更重要的是,它良好诠释了人与社会和谐发展的理念,使人们在提升自身素质的同时还能适应社会发展的需要,最终实现了人与社会的和谐发展。

第二节 群众体育组织理论体系

一、群众体育的组织原则

(一)以人为本原则

现代社会的发展日新月异,其突出体现在经济水平的提升较快上,由此使得人们的生活更加富足。然而在物质生活水平提升的同时,人的精神属性值在逐渐降低,这与社会经济发展的成果背道而驰,直接表现出了人与人、人与家庭之间的感情淡漠现象,并且引发了人的更多心理问题的出现。

"以人为本"理念的提出符合现代社会的发展要求与规律,这一理念目前已经渗透在社会诸多领域之中。对个人而言,个体顺利发展的基础是健康,参加体育运动则是保证这种健康一直存在的良好方式,而群众体育的开展恰恰是为了满足人们对维持健康的重要需求,因此群众体育就是一种服务于人的项目,这就注定要将以倡导人文关怀为主的"以人为本"理念融入其中,始终秉承这一宗旨开展活动,牢记群众体育开展的目的是服务于人。

(二)兴趣主导原则

人们参加群众体育运动不是一种听令育人的被动行为,而是一种从主观思想上乐于参与的活动。这种主动性是由人们对体育运动的需求和兴趣驱使的,这也是群众体育开展的一个重要切入点。为此,要想将群众体育运动办得更加红火和有声势,就需要格外注意从人们对运动的兴趣出发搞宣传和推广工作。以此为基础,再在体育活动组织中将群众参与体育运动的积极性激发到极致。具体来说,应做好如下方面工作。

(1)有关部门和人员应切中大众的体育兴趣,据此设置内容丰富、形式多样的体育活动内容。

(2)有关部门和人员应注重对大众的体育意识和运动行为趋向进行培养,以此树立人们正确的运动健身观。为此,应利用多种媒体渠道进行运动参与目的的教育。

(3)有关部门和人员应精心设计体育活动内容、形式与流程,使之不仅能激发大众参与兴趣,而且能切实为他们获得运动效益提供保障,且能确保将大众的兴趣转化为对体育活动的参与动力。

(4)有关部门和人员应注意遵循不同大众的身心特点来激发他们的运动情绪。

(5)基层群众体育组织人员和指导人员要树立榜样作用,注重强化自身的带动作用,对大众参与体育活动予以潜移默化的行为影响。

(三)区别对待原则

群众体育的参与基础广泛,参与群众体育的人士充斥社会各个阶层、职业、年龄和性别。为此,要想使群众体育的开展能够尽可能地满足不同人的需求,就需要充分考虑不同社会大众群体的特点,做到有针对性地开展活动。这就是群众体育开展的区别对待原则。

体育人口的构成是社会各种群体中的人们,不同群体中的人们往往有着多方面的差异,如性别、年龄、阶层、职业、身体状况、心理状况等。这些差异会导致他们有不同的参与群众体育活动的目的、方式、过程和效果。这就使得在对群众体育活动进行设计的时候就要针对不同群体的差异或特点合理安排体育活动的内容、方法、负荷和时间等。

为了秉承群众体育中的区别对待原则,具体应从如下几点入手。

第一,应了解不同群体参与群众体育的需求。具体做法为观察、了解和调查不同群体的特点和运动参与偏好。

第二,应区别安排运动负荷。这要求群众体育组织者要具备一定的体育运动专业知识,针对不同群体的特点来制定相应的运动负荷,特别是要做好男性与女性、青少年与中老年等群体的运动负荷安排。

第三,关注同一群体中的个体差异。即便是在同一类人群中开展的群众体育,不同人之间的个体差异也会存在,这和每个人的成长经历、运动能力、初始身体状态等都有很大关系。这就需要科学合理地制定不同阶段、不同时期的运动处方与体育锻炼计划,让每一位运动者都能在运动中获益。

(四)重视恢复原则

参与群众体育活动的人多为没有体育运动专业训练经历的普通大众,其中更有些参与者的体能状况或运动技能低于平均水平。为此,对于群众体育运动者来说,他们所追求的体育锻炼效果除了要有一定的运动量外,还要注意运动后的身体恢复。也就是说,群众体育锻炼即便是大众性的,但也要遵循体能消耗与恢复的规律,其健康效益也应是循序渐进获得的。

在群众体育实践中可以发现,运动者为了获得理想的健身效果往往可以做出很大的努力,但运动过后他们普遍对身体恢复所做的事情非常少。为此,群众体育组织者在进行运动指导时应注重将负荷与恢复有机结合起来。例如,可以将大强度素质训练内容与技术训练内容交替进行,或是几种素质穿插进行,如此都能使运动者的身体或身体某部位得到适当的休息。

(五)全面发展原则

群众体育活动组织之中秉承的全面发展原则主要体现在以下两点上。第一是指包括个体身、心等素质的全面发展,第二则是指应将全体社会成员都纳入到群众体育活动组织和服务的范畴。

群众体育所开展的内容是非常多样的,这使得几乎任何群体都能找到适合自身需求的项目,不可否认的是几乎每个健身者都希望能够通过体育锻炼实现自我的全面发展。为此,群众体育组织者就要注意开拓丰富的活动内容资源,使群众体育活动组织真正实现全民体育参与的广阔覆盖面,以此确保每一个体育参与者都能在群众体育项目上有所选择,并通过参与其中收获个人的提升。

(六)终身体育原则

终身体育是当前我国致力于从"体育大国"向"体育强国"转变的重要概念,同时这也是群众体育在个人发展上追求的目标,而这也就成为了群众体育开展的一项原则。群众体育运动并非只力求愉悦人们的身心,更注重以群众体育的形式培养人们终身参与体育、关注体育的意识和习惯。为此,首先要不断向人们灌输终身体育思想,这需要在群众体育开展过程中有意识地引导运动者对体育锻炼重要性的理解,特别是要激发他们的运动兴趣和积极性,引导他们长期坚持参与群众体育活动。其次要充分考虑群众体育运动的长期效益,使其能够切实通过参与体育受益,并坚信通过长期参与能够获得更好的健康提升效益。

二、群众体育的组织内容

(一)城市社区体育的组织

城市居民是城市群众体育活动参与的主力军。由于城市居民的群体众多,因此在组织城市群众体育时要特别注意居民的性别、年龄、身体素质、职业、兴趣爱好等类型。力求做到所开展的群众体育活动富有全面性和针对性。具体应做好如下工作。

1. 做好宣传教育与健身指导工作

从当前城市社区开展的体育活动的实际情况来看,老年人是活动的主要参与人群,青少年和中年人参与的比例较少,中青年人群的参与数量就更加稀少了。通过分析可知,这种情况出现的原因在于老年人拥有的闲暇时间最多,再加上这一群体人的身体机能不断衰退,心理上也经常会有孤独感,参加群众体育活动一方面可以延缓衰老,另一方面也能开阔人际交往渠道,结识更多的朋友。青少年、中青年与中年人参与群众体育活动较少的原因为他们大多数的余暇时间被学习、工作和生活占据,再加上他们正处于身心发展的良好状态之中,因此妄图通过体育运动锻炼身心的意愿不强。

针对青少年、中青年和中年人群体参与城市体育活动的积极性和主动性不高的情况,应注重加强对体育健身功能的宣传,并且注重对全体居民体育健身行为的科学引导,如通过报道、培训、宣传等多渠道宣传参加体育锻炼的重要性,促进城市社区居民体育意识的提高,激发群众体育参与热情。另外,还可以要求群众体育指导者帮助运动者准确掌握正确的体育健身知识和技能,让运动者在付出后能看到实实在在的效果,这是增强群众参与体育健身信心的必要环节。

2. 丰富城市社区各项体育资源

体育组织所开展的一切形式的体育活动都离不开体育资源

的支持,城市社区体育活动组织也不例外。具体来说,这些体育资源包括体育人力资源、体育财力资源和体育物质资源。

现如今,我国城市社区体育的开展有着广阔的空间和良好的前景,城市居民对群众体育运动的需求也越发旺盛,但现实是,目前我国相对紧缺的体育资源尚难以满足群众体育运动之所需,对相关活动的资源支持力度也是较为欠缺的,如此展现出了较为尖锐的体育资源供求矛盾。

这里以北京市为例,对体育物质资源在群众体育中的配给情况进行分析。从可供开展体育活动的体育馆数量来看,场馆虽多,但这些场馆主要供给竞技体育运动之用,可用于群众性体育健身活动组织与开展的体育场馆非常少。一些老旧的体育场馆设施陈旧,勉强利用。对于北京市居民来讲,参与群众体育运动的场所通常为居住所在地周边的广场与空地(76%)或者是公园(22%),选择在正规体育场所从事体育活动的城市社区居民仅占城市社区总居民人口的 2%。此外,城市化建设使得建筑、停车、绿化等用地不断增加,如此大大挤占了体育活动空间,让本就不大的活动空间变得更加稀少。由此可见,我国城市的体育物质资源的供给情况难以让人满意。

鉴于这种实际情况,在开展城市群众体育活动时就要考虑到资源短缺的问题,即根据运动项目和参与人数合理规划活动过程,配置足够的场地、设施及工作人员。

3. 加强城市社区体育服务体系建设

为了做好城市社区体育服务体系的建设工作,应具体做好如下事宜。

(1)切实贯彻和落实城市社区体育工作计划,确保计划中的工作按时、科学、保量完成。在组织城市群众体育活动时要确保各项体育资源配置合理,足够活动开展之需。如果在体育工作进行中遇到来自多方面的阻力,应合理利用和实施各项工作计划,坚持落实各项体育活动。

（2）充分利用体育人力资源。我国当前的体育人力资源稀少，与声势浩大的群众体育运动相比并不能满足其需求。为此，在开展城市群中体育运动时就更要珍惜难得的体育人力资源，提高对其使用的效率，并给予其适当的待遇，以调动他们的工作积极性与主动性。

（3）重视城市社区体育骨干队伍建设。建立一批群众体育骨干队伍是弥补社会体育人力资源短缺的重要方式。在经过人才优选和初步考核后将其纳入到体育骨干队伍之中，然后对其进行必要的体育指导培训，进一步提升指导员队伍的综合素质，以期最终能够培养出可以切实为城市群众体育活动作出贡献的体育人才。

（4）发掘城市社区体育组织协同资源。城市中的人口数量众多，这也使得不同群体的体育需求是多样的。尽管目前存在的体育指导站点和场馆的体育服务项目不同，但通过合理的安排与协调，是完全可以实现共享的。为此，不同体育服务单位应加强交流和沟通，形成协同互补，形成一个开放的系统，实现资源的优化整合，以此来更好地支持城市社区体育活动的开展。

(二)农村社区体育的组织

我国群众体育的开展是面向所有社会成员的，其中当然也包括广大农村地区的群众。我国的农民人口在全国总人口中占据绝大多数，在农村地区开展群众体育运动对于我国的全民健身事业的意义无疑是重大的。然而在农村地区群众体育开展的实际当中出现了不少问题，为此，要想科学组织与开展好农村社区体育活动，应做好如下几点重点工作。

1. 重视农村体育宣传

现如今，我国人口的综合素质水平与过去相比提升飞快，但和城市居民相比，农村居民的受教育程度仍旧普遍偏低，这带来的直接结果就是群众对体育运动的重要价值认识偏低，更谈不上主动参与体育运动的意识了。

针对农村群众对体育认识的具体情况,要想搞好农村地区的群众体育活动,首先就应该注重宣传的作用,加强宣传的力度,将体育健身的基础知识、重要意义与手段传授给农民,更要明确告知其通过参与体育锻炼能够获得什么,从效益层面予以说明,以此作为切入点,再逐渐培养起他们的健身意识,最终彻底改变农民群体的休闲观念与行为。

2. 重视农村体育设施完善

随着社会经济的发展,包括农村地区在内的很多基础设施建设都上了一个台阶,其中也包括很多体育场馆与设施。然而这只是地区自身的纵向比较,如果与城市进行横向比较,则农村地区可供群众使用的体育场所和设施很明显更加捉襟见肘。对此,应通过多元的途径来促进农村体育场地设施的建设与改善。当地政府在这其中应该走在前面,通过加大对体育事业的投入表示对农村群众体育活动的支持。此外,乡镇企业和社会各方力量都应该在这一领域中有所贡献,这不仅是为了群众体育的蓬勃开展,同时也是扩大自身影响力的良机。在多方的共同努力之下,农民群体能够较之以往更好、更便捷地享受到基本体育服务,这也能为他们的健身热情带来促进作用。

3. 设计特色体育健身活动

农村地区的群众体育本来就带有浓厚的农村特色,因此,为了更好地适应农民群体的体育活动需求,就应该为此制定特殊化的农村体育健身活动。具体可以从以下几方面入手。

(1)组织农民喜闻乐见的体育活动。农村群众体育组织者通过对传统节假日和农闲季节的充分利用,对各种不同形式的体育健身活动进行开展,活动性质也要多样,应包含表演性活动和竞赛性活动。并在活动举办期间注重对体育带来的重要价值的宣传,以此提高农民参与体育锻炼的主动性,切实促进农村居民文化生活水平的提高。

（2）注重将农村体育活动与农村生产和文化活动相结合。为此，在选择活动内容时要突出趣味性和特色性，有利于营造活动期间群众之间的良好互动氛围。

（3）倡导和推广与农村社区特点相符的多种体育活动。农村地区最大的特点就是有农忙和农闲时节之分，农村群众体育活动的组织者要以这种实际情况为依据组织活动。例如，在农忙时期开展的活动应是那种短周期的活动，而在农闲时则可以考虑组织一些周期较长的活动。

（三）职工体育的组织

1. 明确职工体育的意义

开展职工体育活动首先要向广大职工明确这项活动的意义，如此才能使职工更加积极主动地参与活动，这也是一种企业领导关心职工业余活动的体现。将职工体育活动的意义细化来看，主要有如下几点。

首先，要认定职工体育活动是企业文化的重要组成部分。此类活动的举办有利于丰富职工在工作之余时间中的文化生活，同时这也是增进职工间人际关系的良好渠道，从而形成更为理想的团队氛围和企业文化。

其次，企业文化是展现企业风貌的一种企业软实力，其也是企业文化建设的重要环节。职工体育活动就是一种非常理想的企业文化建设内容，因此在现代的很多企业中都以开展形式丰富的体育活动作为活跃企业文化的方式。

再次，职工体育的组织与开展能够改善企业公共关系。这个益处在于参加职工体育活动的职工是平等的，不论在职场中从事什么工种、什么职位，在体育活动中一律遵照体育运动的规则行事，由此使得职工们在一个全新的规则系统中展现自我，这也能让人们之间的关系变得更加融洽，可使企业内部的气氛更加和谐与友善。

最后,职工体育的开展有利于提高职工的整体素质。现代企业的工作方式更多是脑力劳动或单一重复性身体劳动的形式,这两种形式的劳动都或多或少对身体健康产生不利影响。企业组织职工体育活动,一方面可以转换他们日常紧张的思维,抖擞抖擞精神;另一方面也能舒活舒活筋骨。员工的身体和精神保持在良好状态中,对企业的生产效率也是大有促进的。

2. 重视体育宣传

在企业就职的职工自然是要把工作放在首位的,有些人也较少或基本没有参与体育的意识和兴趣。实际上,每个人的体育意识的形成都离不开意向上的引导。职工体育的组织与开展具有重要意义,但是许多职工与企业领导并没有意识到这一点,对此,要大力宣传体育健身的重要性,鼓励职工参加体育活动,向他们灌输参加体育的益处。

3. 科学指导体育

即便是企业组织的职工体育活动也不能完全忽视对职工的体育指导。如果是有条件的企业,在活动开展之时或日常聘请有一定指导能力的体育指导员来指导职工科学参与体育活动,这也是确保体育活动健身效果的基本保障。

4. 改善体育设施

既然要开展职工体育活动,就必须要具备足够的场地和设备。对于大多数企业来说显然不具备这种条件,然而只要通过合理的协调和筹划,仍旧可以使职工体育得以开展。

具体的方法为,企业可与拥有体育活动必备资源的社区保持友好联系,以期在组织职工体育活动时可以借用社区的体育场地设施。另外,还可以申请政府投资、社会集资等合作模式建设体育设施,并开展有序经营管理。

第三节　群众体育管理理论体系

一、群众体育管理体制组织构成

(一)体育行政部门

体育行政部门是专门从事体育实务的行政管理部门,我国群众体育管理体制的相关体育行政部门主要有以下几个。

1. 国务院体育行政部门

我国国务院体育行政部门,具体是指国家体育总局,成立于1998年3月,是国务院负责全国体育工作的直属机构,具有以下职责。

(1)研究、出台我国体育相关政策、法规、规划等。

(2)监督各项体育相关政策、法规、规划的实施。

(3)进行体育体制改革,对我国各项体育事业的发展作出具体的发展规划并监督落实。

(4)协调地方性体育政策、法规、规划的制定与区域体育发展。

(5)推行全民健身计划,指导群众性体育活动的开展。

(6)制定和实施国家体育锻炼标准,组织国民体质监测。

当前,我国国家体育总局设9个职能司(厅),其中,负责群众体育事务的职能部门为群众体育司。

群众体育司在国家体育总局的指导下,开展我国群众体育活动,并促进群众体育与学校体育、竞技体育的协同发展。

2. 国务院其他有关部门

隶属于国务院其他有关部门,也负责职权范围内的群众体育管理工作,其参与群众体育的管理工作主要包括两种情况,一种是直接进行职责范围内的群众体育活动管理;另一种是从事职责范围内与群众体育相关的工作(表1-1)。

表1-1 国务院相关部门对群众体育的管理方式(部分)

直接管理		间接管理	
部门	体育内容	部门	体育内容
教育部	学校体育	民政部	全国性体育社会团体
国家民族事务委员会	少数民族体育	国家工商行政管理局	体育经营问题
农业部	农民体育	国家税务总局	体育活动税收问题
铁道部	职工体育	公安部	群众性体育活动治安问题

3. 县级以上地方人民政府体育行政部门或本级人民政府授权的机构

县级以上地方人民政府体育行政部门的体育行政部门负责职责范围内的各项体育管理工作,包括对辖属区域内的各项群众体育活动的管理。一般来说,此类体育行政部门设有群众体育处(或科),或设置专人依法负责本行政区域内群众体育的相关工作。

本级人民政府授权的机构是指我国某些县级政府机构改革后,取消体育行政部门,原有的体育工作转由事业单位或体育社会团体负责,这些体育管理部门的各项体育工作受政府监督和指导。这是我国在近期的行政体制改革中的一种新的行政管理形式。

4. 县级以上地方各级人民政府的其他有关部门

与国务院的行政管理部门负责群众体育工作基本类似,县级以上地方政府的相关部门进行部门内的与体育相关的各项工作的管理。此类部门主要有教育部门、民族部门以及农业、工商、税务、公安等部门。

5. 乡、民族乡、镇政府的其他有关部门

乡、民族乡、镇人民政府是我国最基层的人民政府,负责本行政区域内的各项体育工作管理。

(二)体育社会团体

社会团体,又称社会群体,是人类社会赖以运行的基本结构要素,广义上的社会群体,泛指一切通过持续的社会互动或社会关系结合起来有着共同利益的人类集合体;狭义上的社会群体,指由持续的直接的交往联系起来的具有共同利益的人群[①]。体育社会社团,即专门从事体育活动的社会社团,具有民间性、公益和互益性。

我国群众体育管理体制的体育社会团体主要由以下几部分构成。

1. 各级体育总会

各级体育总会,包括中华全国体育总会和县级以上地方体育总会两大体系。

中华全国体育总会,成立于 1949 年,是我国全国群众性体育组织,负责全国范围内的各项群众体育活动,拥有众多会员,已经形成包括中央、省、地、县体育总会的组织结构,为我国群众体育事业的发展起到了重要的推动作用。

当前,我国各级体育总会主要是指在我国民政部门登记的体育社会团体,其性质属于群众性体育组织,包括各单项体育协会,各省、自治区、直辖市体育总会,各行业系统体育协会,中国人民解放军的群众性体育组织等。

2. 各级行业系统体育协会

行业系统体育协会,同样在民政部门登记、备案,是主管各行

---

① 郑航生. 社会学概论新修[M]. 北京:中国人民大学出版社,1997.

业内部的体育活动的社会团体。

目前,我国的行业体育协会涉及社会生产的各个方面,如火车头、航空、航天、金融、石油、地质、邮电、机械、林业、化工、电子等。覆盖了各行各业的从业人员,体育活动面非常广。

3. 各级运动项目协会

运动项目协会,又称单项体育协会,是根据运动项目组成的群众性体育组织,在民政部门登记。

各级运动项目协会对某一项体育运动项目的普及、推广具有重要的推动作用,也是组织和开展各种与本体育运动项目相关的体育文化活动的重要社会团体,包括奥运项目大型竞赛活动的非奥运项目。

4. 传统体育项目协会

传统体育项目协会,主要负责我国传统体育项目在群众体育中的选材与普及,是群众性的业余体育组织。

当前,我国已经成立的全国性传统体育项目协会的体育运动项目主要有毽球、舞龙舞狮等、龙舟、风筝、钓鱼、太极拳等,我国民族传统体育是我国和世界人民的宝贵财富,传统体育项目协会在新时期进一步推广我国民族传统体育活动的开展方面发挥了重要作用。

(三)基层体育组织

我国基层体育组织在我国体育行政部门总的体育发展政策、制度和纲领的指导下开展群众性体育活动的组织工作,具有经常性、自发性、公益性等特点,各基层体育组织的体育活动由各类体协承担,由各类体协应统一管理,主要以街道社区、锻炼点、辅导站等基层体育组织活动形式开展。①

---

① 樊炳有. 社区体育论[M]. 北京:北京体育大学出版社,2003.

二、群众体育管理的内容

(一)群众体育人员管理

群众体育人员主要包括参与者、社会指导员、体育管理者。在群众体育管理中,管理者和被管理者是相对的,群众体育人员管理应将正确处理体育活动中不同个体之间的关系、调动所有参与者的积极性为核心。具体分析如下。

1. 对群众体育参与者的管理

群众体育参与者彼此存在较大的群体和个体差异,如性别、年龄、职业等,群众体育人口参加的体育活动项目内容、形式、方法、时间、强度等也千差万别,因此,针对多样化的体育健身人群和个体,体育管理者要充分了解他们的特点,在管理过程中做到有的放矢(表 1-2)。

表 1-2　群众体育参与者的类型及特点

群众体育参与者的类型	群众体育参与者的特点
俱乐部或体育社团会员	属于固定的体育人口; 体育锻炼行为较稳定; 能自觉地参加锻炼活动; 会员之间,会员与俱乐部或社团联系密切
体育培训班学员	一些人在获得技能后会持续参与体育活动,另一些人则在达到体育需求和目的后就会放弃体育锻炼。体育参与存在一定的不确定性
自由体育健身者	形式松散,流动性大

针对群众体育活动参与者的管理,应坚持人本性与灵活性的原则。

首先,在群众体育活动参与者的管理过程中,要尊重体育活动参与者选择体育活动内容、方式等的权利,在此基础上,重视参与者科学参与体育活动的正确引导,如爱护体育设施和体育环境卫生。

其次,针对不同类型与特点的群众体育参与者,要根据其年龄、性别、文化程度、身体素质等多元化的特点与彼此之间的差异,分级分层次分群体进行管理,灵活转变管理方法。

2. 对群众体育指导员的管理

群众体育指导员对于群众体育活动参与者来说,是服务者,并在一定程度上扮演着管理者的角色,但是对于政府行政部门和相关体育部门来说,群众体育指导员又是被管理者。

针对群众体育指导员的管理,重点集中在指导员培训和指导员审核认定两个方面。

(1)群众体育指导员的培训

群众体育指导员的培养目的主要是提高指导员专业素质,使其更好地服务于群众体育活动的组织与开展。

当前,我国群众体育指导员分为四个等级,一般来说,初级群众体育指导员、中级群众体育指导员、高级群众体育指导员、群众体育指导师,参与培训的时间分别应不少于 150、120、90、60 个标准课时。[①] 对群众体育指导员的培训内容主要如表 1-3 所示。

表 1-3　群众体育指导员培训内容

体能	大众体育指导员的必备素质基础
技战术	技战术是实现和完成体育人力资源培育的重要内容,有利于体育人力资源水平的提高
价值观	提高体育人力资源的职业感、责任心
文化知识	提高体育人力资源的体育文化素养

① 郭亚飞,刘炜. 社会体育学[M]. 北京:北京师范大学出版社,2012.

（2）群众体育指导员的考核认定

现阶段，执行群众体育指导员职业技能鉴定工作主要有两个部门，即国家群众体育指导员职业技能鉴定指导中心、群众体育指导员职业技能鉴定所(站)。实行统一命题、定期鉴定制度。

3. 对群众体育管理者的管理

群众体育管理者，是指在体育管理活动中起组织、协调、决策作用的管理人员。现代社会对群众体育管理者的要求较高，首先他们要了解群众体育活动的性质和意义，其次要具备过硬的管理技能以及人际交往能力。现如今，群众体育管理者是重要的体育人力资源。

如今对群众体育管理者的管理原则主要体现在以下几点。

（1）系统原则：对群众体育管理者的管理要从全局出发，特别是要做好对人力资源的配置工作，并且适当鼓励人才的流动。

（2）目标原则：对群众体育管理者的管理要设定管理目标，力求从实现每个具体目标开始，不断追求对群众体育管理的总目标的实现及整个管理的优化。

（3）择优原则：对群众体育管理者的管理应做到合理选拔、为人善用。

（4）能级原则：对群众体育管理者的管理要明确群众体育人力资源的责任，给予其适当的职权，对权力要进行严格监管，切实做到人尽其能。

（5）尊重原则：对群众体育管理者的管理要做到尊重人才，关注其发展，从各方面给予适当的待遇，让其能够在工作中感受到尊重和工作的价值所在。

（二）群众体育财务管理

群众体育财务管理的管理对象就是体育资金。具体到实践当中，其管理的内容如下。

1. 经费筹集

目前来说,我国群众体育经费的筹集方式主要有下面几种,具体见表 1-4 所示。

表 1-4   我国群众体育经费来源

国家财政	政府预算内的拨款。 政府财政固定资产基建借款。 国家利用财政信贷方式发放的周转资金。 国家通过减税让利、涵养财源方式提供的让渡资金。 中央向偏远山区提供的特殊体育经费补贴。
社会赞助	有偿赞助:如提供资金支持的同时宣传企业。 无偿赞助:不附加任何条件的资金支持。
社会集资	发行彩票、招股、联营、引进民间资金或外资等方式吸纳社会闲散游资
群众体育产业开发	开发与体育相关的产业,从事生产经营活动来赢利和获取收入

2. 经费预算

经费预算包括收入预算和支出预算两大方面。

(1)收入预算,即群众体育部门通过各种途径、形式可能获得的资金来源计划。

(2)支出预算,即群众体育部门根据工作安排制定的可能的经费支出计划。

3. 经费分配

近年来,尽管我国对群众体育的经费投入与过去相比已经有了大幅度的提升,但对于群众体育参与者的运动需求来说仍旧捉襟见肘。为此,对群众体育经费的分配就务必要做到科学、合理和高效。具体应做到如下几点。

(1)资金分配分清主次,重点项目重点发展。

(2)资金分配要符合群众体育结构。

(3)资金分配要统筹兼顾且留出必要的别用资金。

4. 经费使用

群众体育经费的使用要想做到合理必须要进行科学的规划以及落实严格的审查制度。

(三)群众体育物资管理

群众体育的物资主要有体育场馆、体育场地、体育器材及其他一切与活动相关的自然资源等。为此,特别对其中常见的几种物资的管理思路进行阐述。

1. 场馆建设管理

常见的如奥林匹克中心、单项运动中心等大型体育场馆的建设所需的资金都是由政府承担的。政府承担这些场馆项目的投资行为体现出了其一种社会公共建设的责任和义务。[①] 而一些小型体育场馆的建设方就较为多元,其可以是机关单位、企业,甚至是个人,不同的建设方对场馆实行管理权。

从管理的角度上来说,不论体育场馆的规模是大还是小,其都要满足体育活动开展之所需。这具体体现在两点上,一个是要与当地人口数量和体育人口数量相符;另一个是体育场馆的类型配置应与当地群众的体育爱好、年龄、职业结构等相符。

2. 内部管理

(1)使用管理。对体育场馆的使用管理主要包括体育场馆及其中包含的各种设施及必需的水电设备等的管理。

---

① 闭健,柳伯力,胡艳,刘利. 大型国有体育场馆经营管理体制性障碍研究[J].
体育科学,2006(9).

（2）物业管理。对体育场馆的物业管理主要包括体育场馆的开放与关闭、垃圾清运、基础设施检查、商业网点管理等。

（3）安全管理。对体育场馆的安全管理主要有治安、消防、卫生等方面。

3. 对外管理

（1）群众体育活动开展。开展群众体育活动要做好项目选择，如需要工作人员也要做好招募和培训等工作。

（2）场地租赁经营。对场租价格要合理制定，签订租赁合同。对于影响力较大、观众较多的活动要明确多方面职责。

（3）商业物业经营。商业物业的经营要做好业态分布规划，制定好物业租金，以及做好招商推广等工作。

（4）无形资产经营。这部分内容主要为体育场馆的广告开发和场馆冠名权等。

（5）其他经营管理。对其他体育场馆经营活动的管理主要是附加在场馆中的商店、餐饮、停车场等服务。

体育物资的对外经营管理必须要以满足群众的体育、卫生、安全三大需求为根本。要想做好这方面工作，在体育场馆经营管理中就要对安全保障工作做足预防和处理预案。

在体育场馆的经营方面还要立足于为群众体育服务的宗旨，坚持经营的公益性与经营性相结合，力求在能够满足广大群众的体育健身需求的同时自身还能获得一定的营利。为此，体育场馆经营方就要根据不同场馆的性质或不同群众体育参与群体的特点实现灵活经营。

4. 维护管理

凡是体育物资就存在随着时间的流逝和使用的增多而出现损耗的问题。为了最大限度地延缓体育物资的损耗，就需要对其进行必要的定期保养维修工作。这项工作具体如下。

（1）提高维护管理意识。

（2）对不同物资要进行合理分类，设置账卡，记载物资各项信息，定期查验。

（3）明确管理职责，设置监管机制，一旦出现问题可以做到责任到人。

（4）对损坏或需要更换的器材要做到及时修理和更换。

（四）群众体育信息管理

对群众体育信息进行有效管理是群众体育的发展迈向新的高度的有力保障。它的这种推动意义在于为发展提供最直观、最客观的信息，以此作为群众体育研究者或政策制定者的决策依据。这对于现阶段我国的群众体育工作来说是不容忽视的。

1. 信息传播

媒体是群众体育信息传播的主要渠道。在现代，可以承担这一渠道工作的媒介非常多，传统媒介有报纸、电视、广播，现代媒介有强大的互联网等。互联网则是现代群众体育信息传播效率得以提升的关键渠道。

2. 信息存储

从根本上来说，对信息进行存储的实质就是建立起一个庞大的信息库，如此可以为包括群众体育在内的众多体育实践活动提供信息依据。

信息库的形式主要有两种，一个是人工信息库，另一个是机器信息库。两者相比，机器信息库的信息存储量更大，检索也更便捷。然而要想建立起这两种信息库，必须要有专业的人才来负责。从技术的角度上来说，建立起哪种信息库都是有难度的。

3. 信息维护

信息在获得和存储后并不是万事大吉，而是要需要必要的维护工作。是的,信息也是需要维护的,维护的目的是保证信息始终是准确的。就群众体育的相关信息的维护工作来说,主要有信息的增减、修改和存储等。在信息维护工作中有以下几点需要注意。

(1)如果需要对某方面信息进行备份的话,则需要保证备份的那部分信息始终与原本一致,即当原本出现修改后,也要相应地修改备份中的相关信息。

(2)定期对信息管理的硬件、软件进行检查和更新,确保信息存储系统正常运行。

(3)注重信息安全问题,对重要的信息要予以加密或设置用户权限。

4. 信息人才培养

以目前实际情况来看,我国的专业群众体育人力资源非常稀少,尽管体育专业院校已经有意识地开启了社会体育专业指导人员的培养,但仍旧远远不能满足所需。这其中专门从事群众体育信息管理的人才就更加稀少了,尤其是能熟练操作数据库的编档和管理人才奇缺。

为此,在日后的高校专业培养中,要格外注意弥补这个领域中的人才缺陷问题,注重人才的全面培养和专门技能的培养。

第二章 "健康中国"视阈下我国群众体育的发展现状分析

"健康中国"是促进我国群众体育事业发展的一个重要战略，对于我国人民群众的身体健康发展具有重要的意义。经过多年来的发展，我国群众体育事业取得了一定的进步，但仍存在着不少问题，本章就以"健康中国"为视角，深入细致地研究与分析我国群众体育的发展现状，从而为群众体育发展战略的制定提供重要的依据。

第一节 "健康中国"的发展背景

一、"健康中国"的提出

(一)2016 年全国卫生与健康大会

2016 年 8 月 19 日至 20 日，全国卫生与健康大会在北京顺利召开，国家主席习近平出席会议并做出了重要讲话，他指出，今后要时时刻刻注重人们的身体健康，要关注和促进民生事业的发展，这样才有利于社会主义现代化建设，在此次会议上，正式提出"健康中国"的概念，是对未来中国发展的一个美好的展望。

习近平总书记所提出的"健康中国"可以概括为以下内容。

(1)在人的全面发展中，健康是最为重要的。人民健康是社会发展的基础和保障，没有了健康，整个社会都无法正常运行。健康也是国富民强的标志和体现，因此，要想搞好社会主义现代化建设，我们应不断完善现有的医疗卫生服务体系，为人们的健康发展提供良好的服务。

(2)在现代社会背景下,影响健康的因素有很多,如工业化、城镇化、环境污染、人口老龄化等,这些影响健康的因素相互交织在一起,成为社会发展的重要威胁,因此要采取针对性的措施和手段解决以上问题。

(3)要坚持正确的卫生与健康工作方针,加强改革与发展,努力完善各种健康制度,提高社会服务的质量。

(4)在建设"健康中国"的过程中,要坚决贯彻预防为主的方针,防治结合,及时规避有害健康的风险,尽可能地降低人群患病的几率。

(5)要关注与重视青少年儿童的身体健康,加强学生的卫生与健康工作,为青少年儿童的健康成长提供一个良好的环境。

(6)要重视重点人群的身体健康,尤其是妇幼群体的身体健康,建立相关的医疗体系,为这一类人群提供有针对性的服务。除此之外,还要重点关注流动人口的身体健康,这有利于社会主义和谐社会的建设。

(7)要倡导健康文明的生活方式,树立现代健康观念,把"以治病为中心"转变为"以人民健康为中心",建立一个科学、完善的健康教育体系。

(8)除了关注身体健康外,还要重视心理健康的研究,帮助人们建立健康的心理,为人们提供各种心理咨询服务,这也是健康中国的重要内容。

(9)要采取必要的措施和手段解决各种环境问题,为人们营造一个良好的生活环境,这对人们的身心健康是非常重要的。

(10)要深入贯彻食品安全法,严格遵守国家关于食品卫生安全的各项规定,加强食品安全监管,确保不会出现食品安全问题。

(11)要结合当前社会发展的形势,建立和健全社会公共安全体系,确保人民的生命健康不会受到威胁。

(12)要不断深化医疗卫生体制改革,处理好复杂的医患关系。

（13）要采取一定的手段和措施加强中医药健康养生文化创新，促进中西医结合的快速发展。

（14）完善人口健康信息服务体系建设，推进健康医疗大数据应用。

（15）借鉴和参考国外优良的健康机制，完善我国国际公共卫生紧急援外工作机制，加强与国外国家的合作。

总之，"健康中国"建设是一个伟大的促进我国社会主义现代化建设的策略，要想实现这一目标，需要社会各个层面的努力和支持，可以说，健康中国之路任重而道远。

(二)《"健康中国 2030"规划纲要》

2016 年 10 月 25 日，中共中央、国务院发布《"健康中国 2030"规划纲要》，该文件中明确提出，"发展群众体育产业，促进全民健身与全民健康的深度融合"。为我国在"健康中国"之路上的进一步科学发展提供了及时的、新的参考意见和建议。

二、"健康中国"的发展背景

"健康中国"战略的提出是在一定背景下实现的，推动健康中国发展的背景主要从以下几个方面得到体现。

(一)健康中国发展是适应发展新常态的必然

2008 年，金融危机的爆发致使世界各国的经济都受到了重大的影响，一些国家的经济实力严重受损，在很长一段时间内都没有得到恢复。而在这样的背景下，我国经济发展进入"新常态"，这也是"健康中国"战略提出的大背景。在经济发展不利的背景下，以往的经济发展手段难以发挥有效的作用，必须要进行一定的改革，将改革与发展的动力凝聚起来。在这样的情况下，必须要转变思路、革新观念，以开阔的眼光来看待未来经济事业的发展。

在新的时代背景下，物质财富发展与人类自身发展存在着一定的不平衡现象,这种不平衡现象对社会发展是非常不利的。在社会经济条件日益改善的背景下,人们的健康水平有了明显的提升,但也存在着一系列问题。如医疗服务过度商业化、资源环境受到破坏、现代文明病的肆虐等,这些都严重影响到人们的身心健康。因此,我国及时提出了以人民为中心的健康中国战略思想,对于扭转和改善这一局面具有非常重要的作用。

人民身体健康与经济社会发展之间的联系非常密切,这是一个不争的事实。但在经济建设的过程中,对人民身体健康与社会经济关系的认识存在着一定的误区。有一部分人认为经济建设比卫生工作更为重要,这严重割裂了人民健康和经济建设之间的关系,将二者置于矛盾的对立面,这种看法是非常错误的。习近平主席曾经在多个场合指出社会经济发展与人民健康的关系,他认为人民健康是全民的共同追求,是发展的根本目的。推动人民健康发展尤为重要,而只有经济发展了才能为人民健康提供全方位的保障,因此不能将二者完全割裂开来进行对待。

当前,我国很多行业正处于一个产业改革,推动产业技术升级的阶段,其中技术、品牌等要素非常重要,但人为因素也是不能忽视的。西方发达国家社会各行业的发展与本国的劳动关系稳定、社会保障体系完善有着直接的关系,只有保持一个良好的劳动关系,社会才能稳定与发展。近些年来,我国劳动力频繁流动、劳动者健康保护不健全,社会保障较为滞后,这些都在一定程度上影响了我国社会经济的发展,对人们的健康发展也是不利的。

因此,在新的时代背景下,必须要大力改革与完善医疗保障体系,为人们的身体健康发展提供重要的保障。当前,我国存在的一个现实情况是,医疗支出增长过快,因病致贫的贫困家庭比例越来越大。要想解决这一问题,只有完善医疗保障体系,向人民提供稳定的医疗服务,我国依靠国内消费推动经济发展的目标才能得以实现。当前我国许多经济部门存在严重的过剩问题,但社会和民生领域的短板和缺口却很多,因此可以及时因势利导,向社会发展领域投资更多的资源,使经济和社会发展的不平衡、物质资本和人力资本发展的不平衡等问题得到解决。

为充分发挥医疗体系的作用,我国要积极做好各项预防工作,预防各种不利于人民健康的现象发生。需要注意的是,"福利陷阱"的问题根源不在社会福利本身,而是与医疗卫生等社会保障事业的商业化、市场化发展有关,再加上在私有制经济基础上,政府调控社会事业的能力不足,这是造成费用失控局面的主要原因所在。当前,发达国家的健康问题及发展中国家的健康问题在我国并存,只有坚持预防为主,发展公益性医疗卫生事业,以群众为中心,才能在节约成本的基础上有效维护人民健康。

(二)健康中国发展是中国道路成功的重要经验

"健康中国"战略是在中国社会经济发展背景下提出的,属于我国重要的可持续发展战略。在当今时代背景下,一些发展中国家仍然面临着贫困陷阱,"穷、愚、病"等是这些国家所面临的重要问题。在社会主义现代化建设的今天,我国非常提倡人的全面发展,加大了人力资源的挖掘与培养,这些人力资本是促进我国经济增长和社会发展的重要力量。在今后的发展过程中,我国将以"保基本、全覆盖"为原则建立一个科学的社会保障体系。这对于促进人们自身发展以及社会经济的发展都具有重要的作用和意义。

"健康中国"战略非常符合我国的具体国情。我国要想实现社会主义现代化就必须要加强经济建设,这是最为重要的一个方面。发展到现在,世界上各个国家都面临着一定的健康危机,依然是资本主义生产方式带来的危机,这与金融危机是一样的。我国传统文化和社会主义基本制度的思想和实践资源都是非常丰富的,超越西方发展模式、发展健康中国则是其中非常重要的一个表现形势。在推动我国国际形象和文化影响力提升的过程中,我国中医药传统、对非洲等国家的医疗援助是非常重要的途径。鉴于此,我们应继续发挥制度优势建设具有中国特色的社会主义卫生健康道路,并将自己的成功经验传播给其他国家,为全人类的健康作出应有的贡献。

第二节　我国群众体育的发展历程

我国群众体育是在特殊的历史背景下产生并获得不断发展的,通过群众体育发展历程的研究,能帮助我们更好地认清群众体育发展的态势,有利于群众体育的可持续发展。

一、群众体育产生的背景

(一)发展群众体育的迫切需求

随着现代科学技术的快速发展,人们获得了诸多的实惠与便利,但凡事有利也有弊,科学技术在带给人们便利的同时,也带来了诸多的社会文明病,如冠心病、高血压等,这非常不利于人们的身心健康发展。因此,人们迫切需要参加一些健身运动来改善自身的体质水平,于是群众体育就在这样的背景下顺应社会的需求而产生并获得不断发展。大量的实践表明,通过参加各种各样的群众体育活动,人们不仅能提高身体素质,完善心理品质,丰富精神文化生活,而且对于维护社会稳定与和谐具有非常重要的作用。

(二)人民群众面临着一定的精神危机

人类社会始终是不断往前发展的,这一发展的过程实质上就是不断认识自然和改造自然的过程。人类征服自然与改造自然的过程实际上也是一个"人化"的过程。在人类社会发展的早期,这一"人化"过程存在着很多弊端,人们不能很好地认识自然发展的规律,忽视了人类自身的自然属性,以自身为中心的发展对大自然造成了严重的破坏,导致人们生活的环境越来越恶劣。当今,酸雨、臭氧层漏洞、沙尘暴等现象非常频繁,人与自然出现了非常不和谐的局面。这无论对于人类还是大自然的发展都是非常不利的。人只有与大自然相融,与大自然和谐发展才能真正实现现代社会的发展与进步。随着现代社会的不断发展,社会生产力逐步提高,人们的工作效率也获得了非常大的提升,因此人与人之间的竞争也越来越激烈。在这样的背景下,人们普遍面临着较大的压力,时常会出现紧张、焦虑等心理障碍现象。

另外,人们长期居住在与大自然隔绝的建筑物里,与大自然的距离越来越远,这不利于人类对自然的改造;现代社会物质的丰富在一定程度上导致人们的膳食结构发生变化,社会上患高血压、心血管疾病、肥胖症等疾病的几率大大增加。据相关调查,社会上有超过75%的人都处于亚健康的状态,其中心理亚健康的发生比例最高。由此可见,在当今社会,心理健康问题已严重影响到人们的生活与发展,人们对健康的追求非常迫切,群众体育就在这样的背景下诞生并获得不断发展。

二、我国群众体育的发展进程

(一)恢复发展阶段

1976年之前,受历史等因素的影响,我国群众体育的发展非常缓慢,甚至还出现了倒退的情况。改革开放后,随着社会经济的逐渐复苏,我国各项事业都重新焕发生机,因而群众体育也步入了恢复和发展的新阶段。在这一历史时期,原国家体委提出了这样一个工作方针,那就是以学校体育为重点,积极加强职工体育的领导,在各事业单位积极开展各种形式的体育活动,以发展体育运动,提高人们体质水平。通过各种各样的体育活动及体育比赛的举办,人们不仅增强了体质,还丰富了精神文化生活。

(二)调整发展阶段

1986年,国家体委明确指出要进一步加强群众体育的发展,实现群众体育的社会化转变。体育可以说是我国全体人民群众的事业,各行各业的体育工作都应由其主管部门主要负责。社会各行业要根据实际情况建立各自的体育联合会或体协,在国家体委相关的部门领导下开展各种活动。各级体委对各部门的工作进行监督与领导。这一阶段,我国政府部门对群众体育管理进行了适当的调整,促使群众体育进入一个逐步调整并获得发展的阶段。

(三)大力发展阶段

20世纪90年代以后,我国群众体育进入了一个快速发展的阶段。国家体委层屡次重申我国群众体育发展的总体思路,那就是实行国家办和社会办相结合的措施,以社会化为突破口,调动社会各方面力量,采用多形式办体育的模式,力争推动我国群众体育在当今社会的快速健康发展。

随着现代社会的不断发展,各种群众体育组织网络正在建立和形成,各级地市体育社团的层次结构目前基本上覆盖了全国城乡的广大地区。这些体育社团主要包括体总、群众体协、项目体协、行业体协等,这些体育社会团体的建立对于我国群众体育的发展具有非常重要的促进作用。

第三节 "健康中国"视阈下群众体育与现代社会的关系

在"健康中国"背景下,群众体育的发展迎来了一个良好的契机,体育与人民群众与现代社会之间的关系越来越密切。二者之间的关系具体体现在以下三个方面。

一、群众体育与生产方式

(一)生产方式即人们需要的满足方式

生产力与生产关系可以说是一对矛盾,二者相互影响、相互促进。生产力能推动生产关系的发展和完善,生产关系的完善也能进一步推动生产力的发展。生产方式可以说是在人们为满足自身需要而从事的劳动中形成的。它是人们需要的满足方式。需要注意的是,不论是何种生产方式,都需要通过一定的生产来实现,生产方式本质上是人们满足自身生活需要的一定社会活动形式。

1. 生产力是人们满足自身需要的能力

人们在与大自然的争斗中,在生活需要的驱使下,逐渐形成了生产力,这是社会发展的基本规律。没有人的需要,没有一定的劳动实践,就谈不上生产力。而反过来,一旦劳动创造实践失去了人的需要作为内在的动因和外在的动力,生产力就难以获得发展。由此可见,生产力说到底是满足人们需要的一种能力。

2. 生产关系是人们满足自身需要的能力结构

生产力不仅仅是人与自然的过程,而且是以人的运动为唯一内容的人与自然的过程,在现代社会中主要表现为人与人之间的互动。总体而言,生产力满足人们的需要总是在一定的社会结构即生产关系中实现的。

总之,生产力与生产关系的统一表明了人们在自然界和在社会中如何满足自己发展的需要,以及满足需要的程度如何。因此说,所谓的生产方式就完整地构成了人们需要的满足方式,而生产关系则是人们满足自身需要的一个能力结构。

(二)生产方式对群众体育的影响

在事物发展的过程中,生产方式都起着十分重要的作用,在体育运动中,生产方式扮演着十分重要的角色,它在一定程度上制约着体育的内容、性质及特征,关系到体育运动的发展进程和水平。

在生产力水平较为低下的时期,人们首要的是追求温饱,在这样的情况下就耗去了全部精力,无暇顾及其他方面的活动。在这一时期,群众体育和生产劳动融为一体,体育成为人们生存与发展的一项重要手段,与生产与生活并没有分离开来。

伴随着社会生产力的不断发展,人们的生活水平得到了明显的提高,物质生产和精神生产也开始分离,出现了社会大分工的现象。社会大分工的出现是时代发展的必然,这主要表现在以下两个方面:第一,生产更加社会化,社会的不断发展需要专门的管理人员并具有良好的身体素质;第二,生产技术的发展需要具有健康体魄的专门的操作人才。最初,虽然人们意识到体育的作用,但欠缺必要的经验,没有真正认识到体育的价值与内涵。在社会发展的初级阶段,群众体育主要表现为两种形式:一种是政治教化型,指把体育作为政治斗争的工具,为统治阶级所垄断。二是自由型,指国家主张人才的自由发展,强调各方面体育人才的培养。

随着社会分工的进一步发展,以及社会生产力的提高,体力劳动在整个社会劳动中的比重逐渐下降,而脑力劳动逐渐增加,社会文明程度不断增高。但是有利也有弊,这一阶段人们的体质水平逐渐下降,人们逐渐意识到体育的重要价值和作用,寻求健康成为社会发展的潮流。在这样的背景下,体育成为人们的重要生活方式。

随着现代社会的不断发展,社会逐渐进入知识经济时代,在这一时期,社会对生产方式、生活方式等都提出了更高的要求,人们更加追求人与自然的协调,人与社会的和谐发展。在这样的情况下,体育已成为人类社会的一种自觉行为,能协调人类的各种活动。随着人们体育意识的不断增强,众多的体育活动或游戏成为人们日常健身的形式,有一些竞技体育项目也经过一定的简化与改造后成为群众体育活动的重要内容。在这样的情况下,群众体育实现了由量变到质变的过程。

大量的实践表明,社会生产方式不仅会影响人们的体育意识,还会对人们参加体育活动的方法、时间、空间、传播、经费等各方面产生不同程度的影响,这些影响既有积极的一面也有消极的一面。总之,社会生产方式对体育的影响是十分明显的,人们要认识到这一点。

(三)群众体育对生产方式的作用

群众体育的不断发展对人的素质要求越来越高,同时还会对其产生至关重要的作用。这主要表现在以下几个方面。

1. 群众体育可以有效培养劳动力

人们经常参加各种体育锻炼活动,这不仅能有效增强体质水平,还能完善形体,提高人体运动能力,促进自身各项能力的发展与完善。

2. 群众体育可以保护劳动力

群众体育保护劳动力的作用主要体现在,经常参加体育活动能有效降低发病率、减少工伤事故、防止职业病等几个方面。经常参加体育运动锻炼,能增强人体对疾病的抵抗能力,能避免职业活动对人体机能的损害,能有效降低人体的发病率,维护人体健康。

3. 群众体育可以修复劳动力

在现代社会发展的过程中,为了追求社会经济的快速发展,人们不免对环境污染与生态环境造成了一定的破坏,这对人们的健康发展是非常不利的。另外,在快节奏的生活下,在强烈的精神压力下,很多人都出现了亚健康的现象,很多文明病接踵而至,如肥胖、高血压、冠心病等严重威胁着人们的健康。而通过参加各种各样的体育活动则能有效治疗上述疾病,促进人体的康复与发展。

4. 群众体育可以提高劳动生产率

大量的事实表明,经常参加体育锻炼能有效改善人体各器官系统的功能,增强人体肌肉力量,使人们以积极的心态投入到工作之中,进而提高工作的效率。

二、群众体育与生活方式

(一)生活方式中影响群众体育的几个要素

1. 余暇

余暇是指在一昼夜的全部时间里划出一切必要时间后所剩余的那部分个人"可以自由支配的时间",一般情况下,这种时间主要用于娱乐和休息,它对人们身体健康及精神文明的塑造都起着重要的作用。总的来看,余暇时间的长短和质量会在一定程度上影响人们的生活方式,也是人们参加体育活动的重要条件。

以往,社会经济水平较低,人们没有多余的时间和金钱。我国城镇居民的业余文化生活非常单调,文化基础设施建设存在很大的问题,后来随着社会的不断发展,人们有了更多的余暇时间参与体育活动锻炼,身体素质得到了一定的提升,精神文化生活不断丰富。

2. 生活节奏

随着现代社会的不断发展,社会节奏越来越快,生活节奏加快的积极意义在于提高了生命的效率,还能创造出更多的物质财富和精神财富。然而,需要注意的是,生活节奏的不断加快,在带给人类文明的同时,也给人们的身体健康带来了不良的影响,这理应引起重视。因此,在平时的生活中,人们应该顺应生活节奏的发展和变化,支配好自己的业余时间,选择合适的体育手段参加健身。

3. 生活空间

处于社会中,人们都有自己的生活空间,生活空间属于人们生活方式的重要内容,它也是提升人们生活质量的关键因素。如果在狭窄的空间下,人们就会感觉到拥挤,心理就会感觉到压抑;而生活空间过大,人们则会感到空旷和孤独。因此,生活空间的选择一定要适度,不能过大或过小。

4. 生活消费

生活消费是指使用物质资料以满足人们的物质和文化生活需要。消费涵盖的因素非常多,如消费水平、消费爱好、消费结构、消费方式等,其中前三项与人们参加体育消费有着直接的关系,因此与群众的关系也最大。作为体育产业经营者一定要重点分析以上几个方面的因素,为人们提供良好的体育产品或服务。经过多年的发展,我国城镇居民的人均可支配收入上了一个新的台阶。在这样的情况下,城镇居民消费水平也迅速提高。而在全民健身日益深入的今天,人们有了多余的时间和金钱参与体育消费,体育产业市场的发展迎来了良好的前景。

5. 行为习惯

行为习惯是生活方式的重要组成部分,同时也是生活方式的外部体现。良好的行为习惯能有效促进身体健康发展,有利于增进人们对体育的了解,从而以更加积极的心态投入到体育健身中。而不良的行为习惯则不利于人们身体健康发展,对人们参与体育活动构成抑制作用。

(二)提倡健康生活方式

美国加州大学曾经有过一项调查,调查结果显示,人们的日常生活方式对身体健康的影响远远超过所有药物的影响。健康的生活方式对人们身体的发展具有非常重要的作用。以下几种健康的生活方式对人们的健康非常有利。

第一,每日保持7~8小时的睡眠,且深度睡眠的时间最好不要低于3小时。

第二,有规律的早餐。

第三,每天少吃多餐。

第四,不吸烟,不饮或饮少量低度酒。

第五,严格控制体重。

第六,参加有规律的体育锻炼。

第七,每年至少检查一次身体。

以上健康的生活方式适用于各种年龄段的人,尤其是适用于身体功能处于下降阶段的人。如果坚持以上生活方式,人们将终身受益。

三、群众体育与社会文化

(一)群众体育与社会文化

1. 群众体育是社会文化建设的重要内容

群众体育是社会文化建设的重要内容和构成。从二者的关系来看,它们的核心都是人,其最终目的都是通过改善人们的物质文化生活和精神文化生活,来提高企业的经济效益。因此说,群众体育是社会文化的重要内容。

2. 群众体育能极大地促进社会文化建设

群众体育是提高人们身体素质,促进身心全面发展的重要手段。它对于整体素质的提高具有举足轻重的作用。体育运动具有以下几个方面的作用。

第一,促进人体中枢神经系统能力的提高,有效培养和提高人的思维意识与能力。

第二,促进人体发育,提高人体运动能力。

第三,提高人体内脏器官的各项机能。

第四,促进人体的发展和完善,提高机体对环境的适应力。

第五,促进人心理的完善与发展。

3. 群众体育有助于培养人们的人格

一般来说,群众性的体育活动大多是集体项目,需要人们相互协调配合保证体育活动的顺利进行。因此,体育活动中的每一个动作的默契配合,都能增强人们之间的理解与信任。

人们在参加体育锻炼的过程中能培养自己良好的竞争意识,在这样的条件下能形成一种你追我赶争上游的良好风气,不仅有利于团队的发展,而且还有利于整个社会的不断发展。

4. 群众体育能促进企业公共关系的改善

随着现代社会的不断发展,体育运动扮演的角色越来越重要,人们在参加体育运动的过程中,能拉近彼此间的关系,有利于人们消除隔阂,促进各方关系的发展和完善。对于企业团队发展而言,也有利于改善企业内部工作人员的关系,提高企业内部凝聚力,营造良好的团结协作的氛围。

5. 群众体育有助于树立企业形象

发展到现在,体育健身受到越来越多的推崇,企业形象是企业外部公共关系的核心,是企业文化建设的重要内容。企业通过各种形式开展体育活动会受到媒介和人们的关注,自然而然地会提高企业的知名度,增强企业的竞争力。

(二)群众体育与社区文化

1. 群众体育是居民实现社会参与的重要形式

随着全民健身运动的不断发展,热爱健身的人们在余暇时间通常在社区中进行各种形式的体育锻炼,也就是说社区体育成为人民群众体育活动的重要形式。人们通过参加各种类型的社区体育活动不仅能增强体质,提高运动能力,还能促进心理的完善,实现人生价值。总得来说,群众体育是社区居民参与社会活动的重要形式,在人们身心完善与发展中扮演着非常重要的角色。

2. 群众体育有利于社会整合,增强社区凝聚力

平时,人们在余暇时间里参加体育活动大多是在社区内进行的。社区体育成为满足人民群众体育需求、丰富精神文化生活的重要手段。人们经常参加社区活动能产生强烈的归属感,增强社区凝聚力,进而促进社会的和谐与发展。

3. 群众体育有利于丰富社区文化生活,抵御不良文化的侵入

大量的实践表明,经常参加社区体育活动不仅有助于提高居民的生活质量,而且还能维护社区秩序的稳定,提高居民的精神文化生活水平。随着现代社会的不断发展,体育活动以其独特的魅力吸引了众多的居民参与其中,极大地丰富了人们的余暇文化生活,改善了人们的生活质量,可以说,凡是群众体育开展较好的地方,社会环境越是和谐和稳定。

(三)群众体育与大众文化

1. 群众体育可以丰富人们的情感生活

群众体育对人们的影响是巨大的,它不仅能带给人们复杂的情感体验,还能在群体中获得集体、社团的信赖,获得强烈的满足感和自信心。而家庭成员在参加体育锻炼的过程中,能享受天伦之乐。在参加各种形式的探险活动中,还能增强自己的自豪感和征服感,能很好地提高自己的审美情趣,享受运动带来的各种乐趣。

2. 群众体育可以充实社会的休闲娱乐文化

在现代社会发展的背景下,越来越多的人倾向于选择运用身体运动的方式进行娱乐休闲,体育不仅成为人们重要的锻炼方式,还成为人们重要的生活方式。随着体育运动的不断发展,群

众体育也发展迅速,极大地满足了人们的娱乐休闲需要,在人们日常生活中扮演着十分重要的角色。由于这类活动参加者追求的刺激性、流行性和新颖性,大大推动了休闲娱乐文化的发展。

第四节 "健康中国"视阈下我国群众体育的发展现状与对策

"健康中国"是我国发展群众体育事业的一项重要战略,在"健康中国"战略背景下,我国群众体育的发展理应结合时代发展的形势,采取各种手段与措施推动群众体育的发展。

一、我国群众体育发展现状

(一)公共体育设施难以满足人民群众健身的需求

通过多年来的建设与发展,当前我国各个城市的体育场馆的数量和质量相比以往都有了明显的提升,人们参加体育活动有了必要的基础设施。尽管如此,总体来看,当前我国到体育场馆参与身体锻炼的人并不多。而对于体育基础设施更为落后的农村地区而言,参加体育健身活动的人更是少之又少。

除此之外,目前我国大型体育场馆开发率和利用率都较低,这对于我国群众体育的发展也是十分不利的。总体而言,我国各类体育场馆不但数量少,而且开放率低。另外,学校体育场馆向社会开放率也较低,没有得到充分的利用,造成了一定的资源浪费。

总之,近些年来,随着我国全民健身运动的不断发展,我国群众体育设施与建设水平也不断提高,大型体育场馆的利用率也在不断提高。但就全国范围来看,我国仍然存在人均可利用体育设施较少、体育场馆面向人民群众开发率低、大众健身场地太少等问题,需要今后进一步解决。

（二）群众体育运动区域发展不平衡

我国地大物博，各地区群众体育的发展存在着较大的差异，究其原因，主要是由各地区的经济差异所造成的。很长一段时间以来，我国各地区之间、城乡之间就存在着经济发展的不平衡性现象。总体来看，西部落后于东部、农村落后于城市。东部和沿海地区及城市参加体育健身活动的人较多些，西部地区和广大农村，参加体育健身的农民非常少。一部分原因在于这一地区的人们缺乏体育锻炼意识，另一方面也是当地经济实力的反映。

总的来看，经济发达城市与不发达城市之间的群众体育水平存在着明显的差距，这主要体现在健身意识、体育人口、体育健身场所、体育消费水平等方面。当前，我国尚属社会主义发展的初级阶段，各项事业正处于发展的初级阶段，我国群众体育的发展任重而道远。

（三）群众体育的人群结构不合理

据相关调查发现，我国经常参加体育活动的健身者大多为"老、少"人群，即为老年人和在校学生，而中青年则相对较少。青少年与老年人群体育人口比例显著高于中年人群。究其原因，其中一个非常重要的原因就是老年人普遍拥有充足的余暇时间，而中年人则忙于工作，时间较少，另外还面临着较大的工作压力与生活压力。据最近的全国人口普查结果显示，我国在 25—50 岁这一年龄段的青壮年劳动力人口约 5.5 亿，这部分人是社会的脊梁，家庭的中坚，社会、家庭不仅需要他们的知识、本领和能力，更需要他们的身心健康。然而他们在事业、家庭等方面疲于奔波，很难再有精力顾及自己的健康，这对于他们的身体健康发展是十分不利的。这一点要引起足够的重视。

（四）群众体育运动指导员数量不足，质量不高

人们参加体育运动健身离不开一定的指导，只有在正确的指

导下参加体育锻炼才能获得理想的健身效果。因此,为提高人们的体育健身效果,必须要建立一支可靠的体育指导员队伍。在一些欧美体育强国,他们的群众体育水平非常之高,并且非常重视体育指导员队伍的建设。但在我国,群众体育发展水平相对较低,并且存在着发展不平衡的现象。在体育指导员建设方面也非常不利,匮乏高质量的体育指导员。总体来看,有体育指导员的城市,其群众体育参与水平就高,健身活动就能得到顺利的开展。

由于每一个人都是不同的,以人们参加体育健身锻炼为例,有的人运动基础水平较高,有的人运动基础欠缺,因此在组织体育运动锻炼时要充分考虑这一点,不断丰富组织方式和方法,提高群众体育管理人员的水平,因人而异地开展各种形式的群众体育活动,这对于提高人们的身体素质水平是比较有利的。

(五)体育消费水平差异显著

在当前社会背景下,受经济因素的制约,不同地区人们的体育消费水平存在着明显的差异。不论是消费观念,还是消费水平方面,经济发达地区与经济水平落后地区的人们存在着两级分化现象。在经济水平较高的地区,高收入阶层倾向于参与消费水平较高的体育活动,他们普遍有了花钱买健康的观念,得益于不错的经济实力,保龄球、高尔夫球等成为这部分人群的重要体育健身项目。相反,普通的工薪阶层由于收入较低,面临着较大的工作压力与生活压力,没有额外的金钱和时间参加体育锻炼。因此说,不同地区不同经济实力的人在体育消费水平方面存在着较大的差距。

(六)健身运动的负荷较低,效果不显著

中华民族传统体育历史悠久,在各个历史时期,我国传统体育都比较注重养生,养生成为人民群众健身的根本出发点。据调查,当前我国经常参加体育锻炼的人主要为中老年人,他们所参加的体育项目主要是一些运动强度较小的传统体育项目,如太极

拳、散步等,这一部分运动项目对于多数中青年而言运动负荷较小,难以获得理想的健身效果。因此,为改变这一局面,今后还需要创编一些健身效果良好的体育运动项目。

(七)部分群众健身意识误区较多

当前,我国有一部分人民群众还存在着健身意识不足的问题,还存在着一些误区,这突出表现在以下几个方面。

第一,认为参加体育健身是老年人的事,与年轻人没有多大的关系。

第二,认为参加体育健身难以获得理想的健身效果,不如进行食补和药补。

第三,认为社会上流行的休闲娱乐活动能在一定程度上代替体育运动锻炼。

第四,认为参加体育运动的主要目的是获得良好的成绩,没有意识到锻炼的本质。

综上所述,这些错误的思想观念非常不利于人们参加体育健身活动,今后我们必须要纠正这些错误观念,建立合理的体育健身意识是至关重要的。

当前,我国居民的生活水平逐渐提高,身体素质也得到了发展和提高,但不同地区的人还存在着一定的差异,存在着一些误区,这需要通过宣传与教育及时扭转这一情况,帮助人民群众建立良好的健身意识和习惯。

因此,在新的时代背景下,在"健康中国"发展战略的指导下,我们应积极动员全国人民开展以健身锻炼为主要手段的健身活动,不断增加体育人口,这是全面落实国民素质建设,加快经济建设和促进现代社会发展的重要手段。

二、我国群众体育发展对策

在现代社会背景下,群众体育扮演着十分重要的角色,它不仅能满足提高体质水平的需求,还能极大地丰富人们的业余文化生活。因此,采取各种措施与手段推动我国群众体育的发展具有非常重要的意义。总的来说,可以采取以下对策来促进我国群众体育的发展。

(一)充分发挥体育的功能以满足群众体育需求

发展到现在,体育产业化的发展越来越迅速,人们逐渐认识到体育运动的重要性,这为各种体育娱乐场所及体育俱乐部的建设创造了良好的条件。当前,各种体育俱乐部及体育娱乐场所如雨后春笋般涌现,为人们参加体育活动提供了众多的选择。

人们在参加体育活动的过程中应坚持两个方面的方针:一方面,要在保持现有群众性活动规模的基础上,充分利用现有的场馆及设施,多渠道宣传与推广健身活动;另一方面,要尝试挖掘运动健身的新方法、新手段,创新出具有趣味性的健身形式,吸引人们参加各种健身活动。

群众体育的功能非常明显,健身、教育和娱乐是其中最为重要的几个功能。因此,要想促进群众体育的发展,使群众体育成为重要的健身途径,理应充分发挥群众体育的功能,一般来说,应做好以下两个方面的工作。

一方面,着重强调群众体育的教育、健身功能,同时还要充分认识到娱乐功能的发挥,认识到居民健康不仅仅是指身体健康,还包括心理和精神健康。

另一方面,要采取各种手段与措施丰富群众体育的内容和形式。引导人们的体育健身意识和行为逐渐走向成熟。除此之外,还要创新和引进国外先进的体育内容,并作好宣传与推广工作,促进群众体育的快速发展。

(二)引进西方竞技体育丰富我国群众体育

在群众体育中,我们应积极改造和利用西方竞技体育,在一定程度上弱化西方体育的竞技色彩,结合我国的特色对其进行相应的改造,使之符合我国人民群众参加体育健身的需要,从而提高人民群众的生活质量,激发人民群众参与体育健身的积极性。另外,人们也要结合自己的身体状况参与科学的体育锻炼,不能盲目进行。

(三)大力弘扬传统养生体育

养生体育在我国古代占据着非常重要的地位,发展至今,养生体育受到西方竞技体育的冲击,面临着极大的挑战和压力。因此,在现代体育发展的今天,大力弘扬与传播我国的传统养生体育文化义不容辞。

"养生"的目的在于调养精神、增强体质、延年益寿。我国古代医学认为,人们疾病的发生与否与身体健康状况有着直接的关系,取决于人体"气"的盛衰。传统体育养生的形式非常多样,同时内容也非常丰富,人们通过各种姿势的调整、呼吸的锻炼等能实现放松机体、锻炼真气的目的,从而实现祛病养身的目标。

我国传统的体育养生观认为,人的生命活动及其生理变化与大自然是紧密联系在一起的,因此人类必须善待自然,促进人与自然的和谐发展。

人们在参加传统体育养生锻炼的过程中,切忌盲目进行,要掌握适合自身的方法和要领,并根据实际情况进行合理的调整,以适应机体的发展和变化。

人们参加传统体育养生锻炼的目的在于修身养性,传统体育养生是传统养生学和强身健体的锻炼法相结合的、民族文化与现代社会发展的智慧结晶,通过姿势调整、呼吸锻炼以及意念控制,能促使健身者身心协调发展,达到延年益寿的目的。

总之,在现代社会发展背景下,人们普遍面临着巨大的压力,我国的体育养生健身方式重视修身、养性,具有重要的健身健心价值,必将在人民群众体育中得到进一步普及,成为人们重要的健身手段和方式。

(四)加强我国群众体育指导员队伍的建设

为保证体育健身锻炼的科学性,获得理想的健身效果,人们在参加体育运动健身时需要体育指导员在旁进行指导和帮助,这样健身者在出现错误的技术动作时,在没有按照动作要领进行健身时,体育指导员可以进行及时的纠正。体育指导员在群众体育中扮演着行动主体的角色,其自身所具备的素质、业务能力等将直接影响到群众体育健身的效果。

发展到现在,人们普遍意识到健身的重要性,在余暇时间里倾向于参加各种体育健身活动,这不仅能增强自己的体质还能丰富业余文化生活,提高交际能力。为保证健身的有效性和科学性,必须要建立一个高素质的体育指导员队伍,并对其进行培养和培训,以帮助人民群众在体育指导员的带领下科学地参加体育健身。

总的来看,建设一支高素质的体育指导员队伍需要做好以下几个方面的工作。

1. 建立群众体育指导员资格考核制度

为提高体育指导员队伍建设的规范性和科学性,必须要加强体育指导员的资格审查,建立相关的考核制度。只有获得相关的资格证书才能成为一名正式的体育指导员。在体育指导员的培养方面,高等院校是重要的基地,可以为体育指导员的培养与考核提供多方面的支持。除此之外,高校还要与体育指导员人事部门、劳动保障等部门加强沟通与交流,密切配合,建立完善的考核制度,争取选拔出高素质的体育指导员。

2. 健全群众体育指导员作用的长效机制

为了充分发挥体育指导员在群众体育中的重要作用,今后我们应大力推进基层社会团体的建设,并重视对不同体育场所的开发,为群众体育指导员提供更多的工作载体和服务空间。全民健身中心、青少年体育俱乐部等都是群众体育的重要场所,为促进其发展,要加强相关法律法规制度建设,健全群众体育指导员制度,为群众体育的发展提供良好的保障。

3. 规范职业群众体育指导员职业技能鉴定

健身者要想提升自己的身体素质,需要掌握一定的运动方法,可以说健身者体育运动技能的掌握情况将直接影响到健身的效果,如果运动方法不当,不仅不利于取得预期的健身效果,甚至还会导致运动损伤。因此群众体育指导员的工作非常重要。为了促进群众体育的科学发展,必须严格考察群众体育指导员的职业技能,建立完善的职业群众体育指导员就业准入制度,并强化群众体育指导员的管理工作,严格监督体育指导员的日常工作,为人民群众参加体育健身提供充足的保障。

4. 积极探索体育指导员的职业化道路

大量的实践表明,加强体育指导员队伍建设的意义重大。为保证体育指导员队伍建设的科学性和规范性,必须要制定和完善体育指导员相关政策和制度。当前我国体育指导员的就业政策是"先培训,后上岗",但这一政策并未得到真正的贯彻和落实,我国体育指导员的职业化道路任重而道远。为力争实现这一目标,我们应积极开发与制定体育指导员职业标准;建立全国和地方性的群众体育指导员协会,促进体育指导员综合素质的发展和提高。

(五)加快农村地区群众体育事业的发展

发展到现在,农村建设成为推动我国全面建设小康社会的重要问题。农村地区的发展也受到党和国家领导人的高度重视。与城镇相比,我国乡村在各方面都处于较为落后的局面,农村体育也是如此。在今后的发展中,国家要将发展农村体育作为群众体育的重点工作之一,加快农村地区群众体育事业的发展。

当前,加快我国农村地区群众体育事业的发展,应重点做好以下几个方面的工作。

1. 加强农村基础体育设施建设

人们参加体育健身活动需要一定的基础保障,否则就无法开展健身活动。因此,在将来的体育基础设施建设中,要加大财政投入力度。此外,我们还应该充分运用市场经济发展的基本原则,大力发展农村体育经济,加强农村基础设施建设,满足广大农村居民的体育需求。

2. 加强农村全民健身组织领导队伍的建设

为促进农村体育建设,还必须要重点培养一批高素质的健身组织领导班子,大力宣传与推广农村体育健身活动,建设大量的基层健身组织,为农村居民参加体育健身提供良好的保障。

3. 加强农村体育文化建设

农村体育文化建设属于我国精神文明建设的重要内容,对我国群众体育的发展也具有重要的推动作用。为实现新农村体育文化建设的目标,需要进一步加强城乡关联,运用现代科学的手段加强农村的体育物质文明与体育精神文明建设。

第三章 我国群众体育组织活动方案的设计研究

健康中国的建设离不开全民参与,人民群众是体育活动的重要主体。通过群众体育活动的科学设计、组织、实施,能提高人民群众参与体育活动的积极性、主动性,并收到良好的健身、娱乐、休闲、社交、文化宣传等效果,为增强人民群众体质健康水平、丰富人民群众文化生活、建设健康中国奠定良好的基础。本章重点就我国群众体育组织活动方案的科学设计进行深入研究,以为开展有效的群众体育活动提供理论指导。

第一节 城市社区体育活动方案的设计

一、城市社区体育概述

(一)社区与社区体育

1. 社区

"社区(Community)"是一个外来词汇,这一概念最先是由德国社会学家滕尼斯(F. Tonnies)提出。1887年滕尼斯出版《社区与社会》一书,首次使用"社区"一词,20世纪30年代,"社区"一词引入中国。

社区实体在我国出现时间较晚,随着我国社会经济的不断发展,我国大中城市开始有了不同规模、不同性质的社区,我国学者也开始对"社区"和"社区"体育进行研究。

周沛认为,社区是"以一定地理区域为基础,由具有相互联系、共同交往、共同利益的社会群体、社会组织所构成的一个社会实体。"①

一个成熟的社区,由以下基本要素构成。

(1)一定数量的人口。

(2)一定的地域。

(3)社区组织。

(4)社区意识。

(5)社区的生活设施。

2. 社区体育

改革开放以后,我国社会体育发展迅速,社区体育是在这一时期随着我国社会体育发展而出现的一个新的体育概念。

关于"社区体育",其最早是由天津市河东区于1989年提出,当时是指以街道社区体协开展的各种体育文化活动。

随着我国社会体育活动的广泛开展,关于"社区体育"概念的研究日益深入,具有代表性的学者及其观点有以下几种。

(1)王凯珍(1994)指出,社区体育是"在人们共同生活的一定区域内[于街道(乡、镇)、居(村)委会辖区范围],以辖区的自然环境和体育设施为物质基础,以全体社区成员为主体,以满足社区成员的体育需求、增进社区成员的身心健康、巩固和发展社区情感为主要目的,就近就便开展的区域性群众体育。"

(2)李建国(1993)指出,社区体育"是在居民生活区内由居民自主进行的群众体育活动"。

(3)吕树庭等(1997)指出,社区体育"是社区成员以社会感情为契机,以自发性为原则,以一定的地域空间为依托,利用社区环境,在行政的支援下,以推进《全民健身计划纲要》的实施为目的,

---

① 　周沛. 社区社会工作[M]. 北京:社会科学文献出版社,2002.

有计划进行的组织化的体育活动。"

通过众多学者对社区体育概念理解的分析,我们可将社区体育的本质特征概括为以下几个方面。

第一,社区体育是区域性体育。

第二,社区体育面向全体社区成员。

第三,社区体育以本社区的自然环境和体育设施为物质条件。

第四,社区体育以满足社区成员的体育需求为宗旨,旨在增进社区成员的身心健康,巩固和发展社区感情。

社区体育由六大要素所构成(图 3-1),各要素在社区体育系统中发挥的作用不同,解析如下。

社区体育组织—主导要素。

社区成员—社区活动主体。

场地设施、经费—物资保证。

管理者、指导者——纽带。

社区体育活动——具体表现形式、直接目标。

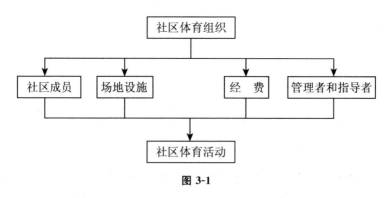

图 3-1

(二)城市社区体育的分类

根据不同的分类标准,城市社区体育可以进行不同类型的划分,详见表 3-1。

表 3-1　城市社区体育分类

社区体育分类标准	社区体育类型
参与主体	个人体育
	家庭体育
	邻里(楼群、庭院或胡同)体育
	微型社区(居委会)体育
	基层(街道办事处)社区体育
消费类型	福利型社区体育
	便民利民型社区体育
	营利型社区体育
活动时间	日常晨晚练
	经常性俱乐部健身
	节假日体育活动
组织类型	自主松散型社区体育
	行政主导型社区体育
参与人群	婴幼儿体育
	学生体育
	在职人员体育
	离退休人员体育
	特殊人群体育
	流动人口体育
活动空间	室内体育
	户外体育

(三)城市社区体育的特点

1. 活动范围的区域性

在社区体育活动中,社区是体育活动开展的主要场所,每一个社区都有其固定的建筑区域和使用面积,社区体育活动就是在社区特定的区域内进行的。

具体来说，社区居民在常住范围（小区）内开展体育健身活动，所参与的体育健身活动的场地、所使用到的器械，以及在体育健身过程中遇到的健身者都是熟悉的，都与居民所居住的小区具有直接性的联系。

有调查显示，现阶段，我国城市居民的日常体育健身活动场地主要集中在小区空地进行，同时，就近的公园、社区健身器材区域、广场、公共体育场所也是社区居民经常参加体育健身的场所，为居民的健身活动提供了活动空间。

2. 活动时间的余暇性

社区体育是社区居民进行自发性的和在体育基层组织领导下进行的有计划有组织的体育健身活动，对于社区居民来说，尤其是青少年儿童和年轻人，他们日常需要完成上学、上班等任务，因此社区体育的活动参与时间一般是在放学后和结束工作之后的晚上，因此，受人们上下班时间的约束，再加上参与者以老年人居多，在活动的时间上又体现出早、晚活动的特点。

3. 活动场地设施的公益性

社区体育活动主要在社区内开展，社区内的体育活动场地都是社区内的配套设施，如社区的广场、空地、绿化带、公园以及其他公共设施等，这些都是社区体育活动开展的有效体育活动场地设施资源，社区活动依托这些体育物质资源开展各种丰富多彩的体育活动，反映出社区体育活动场地设施的公益性特征。

4. 活动内容以传统体育为主

就我国大中城市的社区体育发展现状来看，参加体育锻炼的大多数人选择的体育健身项目有跑步、武术、太极拳、乒乓球、羽毛球、篮球、健身操等。

新时期，在全民健身持续不断地推动下，我国各地为积极开展群众性体育活动提供各种支持和助力,为了吸引更多的社会大众积极参与到群众体育健身活动中来,我国开始改革并推广一部分适合居民灵活、机动参与的时尚健身运动,如户外踏青、三人制篮球、社区健身操等,深受居民欢迎。

5. 参与主体的广泛性

从理论上讲,参加社区体育活动的人们存在个体差异,但体育运动作为一种可以突破年龄、性别、职业、文化程度界限的身体活动,任何人均可参与其中。

一般来说,在社区体育场地、设施齐全的社区(通常是高档社区),设有健身广场、健身房、儿童游乐休闲场所,社区体育的参与人群较多、积极性较高。

但不可否认,在一般的社区内,社区体育参与人群上,中青年人迫于家庭负担和工作压力,他们参与社区体育活动的时间有着很大的局限性。因此,老年人成为社区体育的参与主体。

6. 组织管理不规范,缺乏有效指导

当前,我国已经建立起了基本完善的体育运动健身体系,不同的人的体育健身活动都可以被纳入相应的体育健身管理系统中,具体来说,我国的社区体育管理主要包括社会对社区的体育管理、社区内部体育管理两个层面,任何一个人,只要生活在一定的社区中,就必然会受到其所在社区的体育管理组织和机构的体育宣传和活动影响,但对个人的具体体育健身指导还不够完善。

现阶段,我国城市社区体育以街道社区体协(街道文体协会)为主,其他区域性体协为辅,具有清晰的组织结构层次,通过各阶层之间的相互联系,可自上而下、有序引导和组织开展社区体育健身服务(图 3-2)。

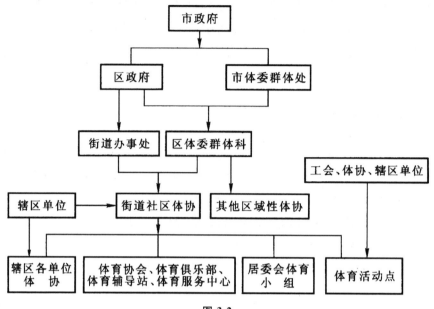

图 3-2

7. 社区体育活动与文化活动相结合

调查显示,在全民健身的指引下,我国社会大众积极参与体育健身的热情日益高涨,大众体育健身意识和观念都得到了很大的改变,在大众健身中,绝大多数人希望通过参与体育健身活动来促进身体健康发展,以不断改善和提高自我的生活追求、生活质量,提升个人幸福感。

当前我国社区体育发展与欧美体育强国相比还存在很多的不足,很多社区体育建设在健身场地、健身指导等方面还存在很大的发展空间,对于社区群众的健身服务还有很多地方需要完善,对此,各社区应结合自己社区的特点和社区居民的文化、收入、年龄层次特点,有针对性地组织和开展各种体育健身活动,鼓励社区居民积极参加体育健身。

(四)城市社区体育的发展趋势

1. 以人为本、服务居民

在社区体育的未来发展中,"以人为本、服务居民"的社区体育活动理念将进一步得到加强。

在健康中国建设背景下,我国重视社会体育的发展,社区体育作为社会体育发展的一个重要的构成部分,其直接关系到广大人民群众的体育活动能否有效开展。当前,为了鼓励和吸引更多的群众加入到体育健身活动中来,社区体育活动的内容与形式应该能够满足不同居民的体育健身需求,通过突显出多样化、多元化特点来鼓励和引导居民健身。

一个社区中,其居民构成是十分复杂的,在年龄、性别、经济收入、教育水平、社会地位等方面,都非常复杂和多样,因此,社区居民对社区体育的需求也是多样性的,要想服务好每一个社区体育人口,是非常难的一件事情,要想切实鼓励社区居民参与体育健身活动就必须不断提高社区体育的基础硬件设施服务与健身指导服务,让社区居民真正享受到在社区内参与体育健身活动的便利性,优化体育健身体验。

2. 社区体育将成为居民日常生活不可缺少的一部分

随着我国社会经济的不断发展,先后有一批大城市、特大城市出现,为了寻求更多的工作机会,越来越多的年轻人涌入城市,随之而来的也有很多新生儿在城市出生,老年人投靠子女来城市居住,城市居民不断增多。

近年来,城市的变化表现在方方面面,城市居住人口不断增多,城市生活压力大成为一个社会关注的话题。再加上运动不足和营养过剩引发的各种现代"文明病"严重威胁着人们的健康,越来越多的人开始认识到体育锻炼的重要性,通过社区体育健身,不仅可以缓解日常学习、工作中的疲劳,还能享受到社区文化、感受到社区和谐邻里关系,这对于个体生活质量的提高和幸福感的获得来说具有重要的作用。

更重要的是,新时期,随着我国社会经济的不断发展,人们的闲余时间日益增多,我国大力推动"全民健身计划",再加上城市居民的周末休假和带薪年假落实比较到位,人们的生活意识发生了很大的转变,在健康中国建设背景下,体育宣传在城市居民中的影响要远远大于农村居民,体育健身观念深入人心,社区体育成为社区居民参与体育健身运动、改善生活水平的一个重要内容,成为居民日常生活不可缺少的一部分。

3. 社区体育组织管理将走向科学化、专业化、系统化

专业的管理者和健身指导者将替换非专业工作者,城市社区体育管理和指导将更加科学化。

健康中国建设是一个长期的系统工程,依托政府和各级体育相关部门的相互配合与支持,同时需要真正落实到基层人民群众健身中去。实践证实,社区体育的健康发展能有效地促进广大人民群众积极参与到群众体育健身活动中来,通过社区组织管理机构对社区居民进行生活化的有效健身活动组织与指导,有助于帮助社区居民进行科学的体育健身锻炼,提高健身效果。

4. 社区体育环境将得到明显的改善和提高

随着我国对社区体育发展的重视,我国的社区体育环境,包括物质环境、人文环境将会发生重要的变化,社区居民将会拥有更加优化的社区体育发展环境与空间,社区居民可以在良好的体育环境中享受体育运动带来的愉悦,享受体育服务带来的舒适,满足自身的体育需求,促进自我身心健康发展、构建良好社区人际关系,共同建设社区文化。

二、城市社区体育活动方案设计

结合社区体育的活动特点与发展趋势,科学设计社区体育活动方案,应注意以下几点要求。

(一)宣传教育与科学健身指导相结合

目前,从城市社区体育活动参与人群的年龄阶段上来看,老年人居多,中青年人几乎没有。

　　社区体育活动参与人群的年龄分布特点具有深刻的社会原因,具体来说,老年人退休后参加体育锻炼,余暇时间较多,同时受身体机能衰退和心理变化的影响,更加有时间和更加关注自身的身心健康,从而能积极主动参与社区体育活动;青少年课业较重,除了学校课程还要参加很多课外辅导班,很少有机会参与社区体育健身锻炼;中年人上有老、下有小,家庭生活与工作压力大,缺乏休闲时间,基本上脱离了体育健身锻炼。

　　开展城市社区全民健身活动是为提高人民群众的健康水平服务,要加强体育知识与健康知识的宣传。

　　此外,必须引起重视的是,也有相当一部分年轻人体育健身观念和意识淡薄,很多年轻人一方面学习与工作压力大,有限的休闲时间更多地希望是从事一些不用动脑不同身体活动的休闲运动,如玩电子游戏、追剧、刷微博等,另一方面,年轻人年富力强、精力旺盛,因此便毫无克制地熬夜、吃垃圾食品,健康意识淡薄和不良的生活习惯严重消耗了年轻人的身体。近年来年轻人熬夜猝死的新闻开始增多,年轻人的健康也值得关注,应加大宣传,使年轻人群体自身增加体育健康意识、主动参与体育健身活动,以不断增强自己的体质健康水平、避免疾病入侵,同时提高生活质量。

　　社区体育健身旨在促进社区居民的身心健康发展,这必须建立在科学参与社区体育活动的基础之上,有很多人虽然每天都坚持参与社区体育健身锻炼,但是收效甚微,究其原因,很多社区居民缺乏必要的体育健身知识与技能,在社区体育健身过程中健身活动安排不科学,没有学会和掌握正确的健身方法和技能,缺乏科学有效的指导,极大地影响了锻炼效果。对此,要加强对城市社区全民健身活动开展科学指导,使所有的参与者都能学会和掌握科学的健身常识、技术和技能,能科学地进行体育锻炼,从而增进健康、增强体质,并从中获得运动的乐趣和健身的信心,优化体育健身效果,更好地推动城市社区全民健身活动的健康发展。

(二)社区体育基层组织与社区体育团体相结合

当前,我国社区体育活动的开展,主要是依靠社区体育基础组织和社区体育团体来开展,社区体育服务质量,直接关系到社区体育活动开展的质量。调查发现,在社区体育活动开展过程中还存在各种各样的问题(表 3-2)。

表 3-2　我国社区体育服务在发展中存在的问题[①]

社区体育服务要素	问题
社区体育组织管理	管理职责不明
	管理人员数量不足,管理水平与能力不够
	人口参与面狭窄,老年人多
	各单位各自为政,没有形成合力
	缺乏"以人为中心"的管理理念
	社区体育相关法律、法规不健全
	缺乏效果评定和激励机制
社区体育的设施与经费	活动经费少,经费筹集机制不合理
	体育设施配置不完备、不均衡
	体育设施存在安全隐患
	体育场地、器材管理不善
社区体育指导及其人才状况	体育指导员数量不足
	体育服务人才专业素质不高
	体育指导员以兼职为主,服务效率不高
	缺乏"等级社区体育指导员"定期培训制度
社区体育项目及活动	体育项目单一
	体育信息服务途径单一,内容不丰富,信息覆盖面窄
	社区体育活动少

针对当前我国城市社区体育服务不完善的情况,要进一步顺

---

① 王凯珍,赵立．社区体育[M]．北京:高等教育出版社,2004.

利开展社区体育活动,应在加强宣传、教育、引导人们培养体育意识,强化体育健康观念以外,必须有较为完善的体育社团给予强有力的支持和辅助。

社区基础体育服务组织,应联合社区体育团体一起,在举办群众性的体育活动时,将有相同兴趣、爱好和特长的社区居民集合在一起,有利于将分散的群众体育活动组织起来,使人们的体育锻炼更加科学、合理、有序,科学地进行组织、管理和指导,创造良好的体育锻炼的活动环境,促进社区居民的身心健康发展,丰富社区的文化生活和社会交往,建设现代文明社区。

(三)立足社区,立足实际

不同的社区的定位不同,社区规模不同、占地面积不同,小区自然环境与人文环境不同,因此,在开展社区体育活动方面也会有着各种有利条件和不利条件,城市社区体育是某一特定区域内的群众体育活动,其目的是满足该区域内成员的体育需要。因此,对于任何一个社区而言,在设计与组织社区体育活动时,必然是要立足于本社区的具体客观实际,根据该特定区域内居民的体育需求、场地设施、经费等实际情况因地制宜地确定体育锻炼的计划,有序、有针对性地开展体育活动。

(四)因人而异,因地制宜

全民健身,是一个系统工程,要不断地将更多的人吸引到全民健身活动中来,就必须要充分了解广大人民群众的体育健身需求,尽量地使每一个人的合理体育健身需求都得到满足,有效促进每一个体育健身参与者科学有效开展各种体育健身活动并切实从中受益,这就要求健身突出针对性,因人而异。

针对不同的社区体育活动对象,每一个健身者的身体条件不同、运动经验不同、喜欢从事的体育运动项目不同、对体育健身的活动目的也不同,对此,要有效组织与开展社区体育活动,应该就具体的体育健身活动内容与方法进行科学设计,使得社区中的不同居民都能结合自己的实际情况参加相应的体育健身活动,使每一个居民的体育健身需求得到满足。

此外,在社区体育活动开展过程中,要充分考虑本社区的体育条件、文化特色,设计主题鲜明、内容与形式独特的社区体育活动,凸显本社区体育活动的特色,激发社区居民参与体育健身锻炼的积极性与主动性。

(五)科学指导,有效预防

在城市社区体育活动开展过程中,要对社区居民的体育健身锻炼予以尽可能详细的指导,在锻炼过程中要结合参与者的个体差异,对不同的社区居民进行有针对性、科学合理的帮助和指导。

此外,设计社区体育活动,应提前做好各种应急预案,有效地预防锻炼中伤害事故和疾病的发生,使锻炼者摒弃各种健身顾虑,能安全、有效地开展各种健身活动。

(六)丰富社区体育活动的文化性

城市社区体育活动设计,应充分结合本社区实际和社区居民的需求,通过开展社区体育活动,增进社区邻里关系、促进社区关系和谐,增进社区精神文化建设。

社区居民在同一社区环境中生活,他们在日常交流中沟通情感,将自己的道德情操与生活方式融合进社区文化中,社区文化中的交流还有利于将居民的集体意识激发出来,并通过参与社区活动促进其产生社区归属感与依恋感,这对于现代和谐社区建设是具有非常重要的积极意义的。

第二节　农村社区体育活动方案的设计

一、农村社区体育及其特点

(一)农村体育及其分类

农村体育,是指在县及县以下广大农村开展的,以农民为主要参加对象,以增强体质、丰富社会文化生活、促进社会主义物质文明与精神文明建设为主要目的的群众性体育活动。

农村体育是我国体育事业的一个重要组成部分,是农村物质文明建设和精神文明建设的一个重要方面。

农村体育具体包括以下几类。

(1)农村社区体育。

(2)学校体育。

(3)小城镇体育。

(4)农村竞技体育。

(二)农村社区体育

农村社区体育,具体是指在人们共同生活的一定地域范围内(村委会管辖地域),以地域内的自然环境和体育设施为物质基础,以农民为主要参加对象,增进农民身心健康、丰富农村文化生活、促进农村文明建设的群众性体育活动。

(三)农村社区体育的特点

1. 体育活动内容的传统性

长期以来,我国农村体育活动一直以传统体育为主,深受我国农村人民的喜爱,民族传统体育在我国民间源远流长,是我国人民群众喜闻乐见的体育活动形式。

民族传统体育是我国体育文化的重要组成内容,许多优秀的体育项目一直流传至今天,甚至传播到海外,在国际上享有盛誉,如武术、太极拳、风筝等。

在我国的一些少数民族地区,少数民族传统体育更是带有浓厚的乡土气息,具有显著的文化传承特点,在人民群众中具有广泛的普及性。这些少数民族传统体育活动在我国传统节日里举办的具有民族特色的体育文化活动中都有所体现。如新年春节的龙灯、舞狮,端午节的龙舟竞渡,重阳节的登山活动,以及在少数民族中广泛开展的赛马、叼羊、荡秋千、珍珠球、摔跤等众多项目,都带有明显的民族传统地域特色,是当地人民的日常生活中不可缺少的体育活动。

2. 参与活动主体的广泛性

我国是一个有着悠久历史的农业大国,在我国人口中,农村人口有九亿,占中国人口总数量的 70%以上。因此,我国农村体育的理想参与人口是非常多的,但实际上,我国农村人口中有相当一部分人健身观念意识淡薄,很少或者从来不参与体育健身活动,但尽管如此,从人口比例上来看,我国农村体育活动参与者仍然要多于城市体育人口。

3. 体育活动开展的艰巨性

我国农村人口与城市人口相比,从事的身体劳动量大,因此会产生"常年劳作不需要参加专门性的体育活动""干了农活就不用运动""农活等同于体育运动"的误区。

此外,经济发展水平也会在一定程度上影响一个国家和地区的发展水平,体育作为一种发展性需求,只有在人们解决温饱、有了闲余的时间之后,才会有参与体育的需求。我国幅员辽阔,地域分散,广大农村地区经济基础比较薄弱且发展不平衡,大部分地区也才刚刚解决温饱问题。加之农村居民受文化教育程度的局限,广大农民(包括不少村干部)对体育健身尚缺乏正确的认识,体育意识淡薄。

现阶段,要彻底转变我国广大农村人口的体育健身观念,使我国农村人口能积极参加农村体育活动,还需要做很多工作,这是一项十分艰巨的任务。

4. 体育活动的季节性和随意性

农村地区,农业生产是非常重要的生产生活经济收入来源,因此农民都以农业劳作为第一需要,相比这一需要,体育发展的需要自然是排在末位。一年当中,随着自然的四季变化,有农忙农闲之分,因此,农村体育活动会随着春耕农忙季节的变化而变化。农民只有在农闲时节才有时间参与体育健身活动,这种不能持续的健身活动参与所引起的健身效果有限。

改革开放以来,我国人民群众的生活水平有了很大提高,农村机械化生产也将农民从繁重的农活中解放出来,有了更多的时间去从事体育健身活动,农村体育健身需求正在不断增加,农民的体育健身意识也在不断提高,从农业劳作中解放出来的农民更加积极地去参与更丰富的体育活动。

当前,农闲时节,农民群众的闲余时间较多,他们的休闲娱乐方式多是打麻将、下象棋等益智类和静止类体育运动,一些年龄较长者和民族传统体育发展良好的地区的农民,还对养生导引类体育运动,如太极拳、五禽戏等非常热衷。

5. 体育基础设施简陋

从数据分析来看,我国农村人口众多,有着庞大的体育参与需求,但是,就目前来看,与我国庞大人口数量、巨大体育需求相比,我国农村体育设施不足,许多农村社区缺乏体育活动场所和体育器材,无法满足农民的体育需求。

近几年,我国大力推进全民健身计划,不断扩大体育基础设施建设,与21世纪的最初十年相比,虽然我国人均体育场地面积、场地数量在不断提高,但是,人均体育场地面积远远不能满足我国广大农民的体育健身的使用需求,室外场地以水泥地为主,体育场馆几乎没有。在体育资源方面,农村体育资源严重匮乏。

(四)农村社区体育的发展趋势

1. 体育健身观念的不断增强

随着改革开放的持续深入发展、随着建设社会主义新农村步伐的加快,我国农村的经济水平明显提高,农民的生活水平有了很大的完善。基本的温饱问题得到解决之后,就必然开始关注个人的发展性需求,体育就是一种健康的个人发展需求。随着农村体育的进一步发展,农村体育人口正在逐渐增多。

2. 农村社区体育协会的建立健全

当前我国农村经济的发展和经济结构的转变,乡镇企业在农村经济中占有越来越重要的地位。乡镇企业、村办企业的工人人数不断增加,而这些企业又拥有相对较好的体育场地设施,通过组织和开展乡镇企业、村办企业的体育活动成为可能。

农村基础体育活动组织在普及和推广农村体育活动方面,会充分依托乡镇企业、村办企业,以其为带头和榜样作用,来建立和健全农村社区的体育协会,并利用相关企业领导的影响力、号召力,以及企业的场地、资金支持来开展农村体育活动。

3. 农村体育场地设施的建设与完善

要促进农村社区体育的发展,加强农村体育场地基础设施建设是一个非常重要的前提,试想,如果农村缺乏体育场地、体育健身设施,即便是广大农民体育意识强、可供参与的体育健身活动内容多,没有开展的场地基础,因此,要想促进农村群众体育的发展,就必须要重视和加强农村体育场地设施的建设,以为农民参与体育健身活动提供良好的物质条件。

4. 农村社区体育骨干的培养

随着我国小康社会的建设。我国农村的经济发展水平有了显著的提高,农民的收入不断增加,而且有了更多的余暇时间,一些农村的生活水平较好,但健身路径与城市相比,很难满足农民的健身需求,也没有足够的体育健身指导员进行健身指导。

现阶段和未来一段时期,要想进一步推动农村体育的发展,就必须要重视农村社区体育骨干的培养,有组织、有计划地积极发展培训农村社区体育骨干和积极分子,成立体育锻炼的指导队伍,因地制宜地发挥他们在组织和开展农村社区体育活动中的重要作用,为农民的体育活动提供科学指导和有效服务。

5. 农民的体育消费将有较大的提升空间

健康中国建设背景下,民众体育健身意识已经形成,但是,受多种因素影响,当前我国体育消费的主体是学生和老人,我国体育人口的年龄结构呈现出两端高中间低的马鞍形分布现状。结合我国当前大众健身的人群年龄特点,青少年的健身主要是在学校开展,老年人健身主要是选择公园、广场等免费大众健身路径,处于体育健身消费的主要人群就是中青年人,这一部分人有经济实力支持体育消费,但由于生活压力大,参与体育健身的频率较低。

新时期,我国农村的生活水平有了很大的发展,农村人口也有了积极参与体育健身活动的需求。此外,为了积极鼓励和支持我国农村体育的发展,我国农村的体育活动物质条件也在不断改善,这也为农民从事体育健身锻炼提供了有力的保障,参加体育锻炼成为其日常生活中重要的内容。

二、农村社区体育活动方案设计

(一)坚持与生产劳动和文化活动相结合

开展农村社区体育活动,应坚持体育活动与生产劳动、文化活动相结合,具体要求如下。

(1)在组织农民参加体育活动时,要坚持业余、自愿、小型、多样、因人而异、因地制宜、科学文明的原则。

(2)在组织农民参加体育活动时,要突出趣味性、健身性、娱乐性、社交性、民族性和科学性。

(3)在组织农民参加体育活动时,要注重选择和设计与生产劳动密切相连的活动项目。

(4)在组织农民参加体育活动时,要选择地方特色浓郁、民间传统突出的项目,以适应和满足农民体育参与需求。

(二)开展经济实用的健身项目

现阶段,虽然我国农村体育和以前相比有了较大的发展,但是,与城市社区体育相比,农村的经济发展水平滞后,体育锻炼的场地、器材设施有限,因此,在设计农村体育健身项目时,要充分地考虑到这一现实特点,要结合农民的实际情况,开展适合农村社区特点,简单易行、经济实用、科学健康的体育项目。

在农村体育活动开展空间选择方面,应充分利用体育空间满足不同居民健身活动的需求,如充分利用学校、企业和政府机关等体育场地或空地等。

(三)开展农民喜闻乐见的体育活动

开展农村社区体育活动,应坚持实事求是、科学务实,设计出适合农民需求、具有农村社区特色、农民喜闻乐见的体育竞赛活动,提高农民参加体育锻炼的热情和积极性。

体育竞赛活动的开展对于促进体育健身的发展具有重要的作用。举例来说,近年来,我国竞技体育发展迅速,我国优秀运动员在国际竞赛中获得了优秀成绩之后,国内大众健身往往会掀起一阵关于某一具体体育运动项目的参与热潮,另外,我国开展的大型体育运动赛事,如2008年北京夏季奥运会,以及即将开展的2022年北京—张家口冬奥会,在赛事筹办和举办时期,社会大众参与体育运动的热情都十分高涨,对体育运动的认识也会进一步加深。在农村,农民之间关系和谐、质朴,开展农民喜闻乐见的体育健身活动、运动竞赛能营造农村良好的体育运动参与氛围。

在我国农村地区,可以因地制宜开展一些与当地的节日民俗相关的体育竞赛活动,如那达慕、赛龙舟、打陀螺等,为广大农民的体育健身营造了一个良好的体育环境,激发了农民参与体育的热情。

(四)开展农村特色体育健身活动

俗话说"十里不同音,百里不同俗",我国地域广阔,广大农村地区有着丰富多彩的体育活动内容,在农村组织开展社区体育活动,一定要"入乡随俗",从当地人民群众的习俗、观念认知、文化特点和心理特征等出发,结合各地实际情况开展一些便于开展的大众健身活动内容,在农村体育活动设计与开展过程中,充分考虑广大农民的健身心理和习惯,不同地区具有不同的体育文化特点与心理特征,可结合当地农民经济基础、健身习惯、体育资源情况开发适合当地居民的健身活动,突出地域特点、社区特色。

第三节 社会不同人群体育活动方案的设计

一、少年儿童体育活动方案设计

(一)少年儿童特点

1. 生理特点

少年儿童,主要是指 6—17 岁年龄阶段的人,其中,儿童是指年龄在 6—12 岁的人群,少年是指年龄在 13—17 岁的阶段的人群。

就儿童来说,其生理系统各方面都处于生长发育时期,各系统的生理功能还不健全。因此,在群体的体育运动方面主要表现为,身体平衡性与身体准确性基本能够维持,神经系统传导会不断加强,分化作用会显著增强,运动准确性与协调性会大幅提高。和成年人相比,儿童的胸围、呼吸差、肺活量、呼吸肌力量都较小。与此同时,运动系统方面的能力也表现出显著的年龄阶段性特点,具体来说,儿童的骨组织中富含很多水分与有机物,但无机盐却比较少,因此,儿童具有良好的骨弹性和韧性,发生骨折的可能性很小,但出现弯曲和变形的可能性较大;儿童的肌肉中水分较多,蛋白质与无机盐含量较少,收缩蛋白比较少,肌纤维间的间质较多,肌肉具有良好的柔软性,但肌肉增长的平衡性较差;儿童的关节具有良好的伸展性,具有更好的灵活性与柔韧性,但关节容易脱位。

就青少年来说,少年时期,青春发育是该阶段最显著的生理特点,第二性征发育在青少年的青春期会突出表现出来,女孩比男孩的青春期要稍早一些,男女青春期一般分为三个阶段(表 3-3)。由于性别上的生理差异,男女青春期的生长发育表现出不同的特点(表 3-4)。

表 3-3   人体青春期的三个阶段

青春期	女孩	男孩
青春前期	10—12 岁	12—14 岁
青春中期	13—16 岁	14—17 岁
青春后期	17—23 岁	18—24 岁

表 3-4   男女青春期第二性征

	女孩	男孩
肌肉、脂肪	乳房发育、髋部变宽,脂肪有选择性地沉积(在胸部、乳腺和臀部),皮下脂肪丰富	肌肉发达、肌肉力量大,皮下脂肪减少
骨骼、身高	身体增长较快,增长期出现早	骨骼坚硬、身高增长较快
声音、外貌	声调提高、声音变细	喉结增大突出,声音变粗、胡须开始变长
性器官	子宫发育、卵巢发育,出现月经初潮等	性器官发育,生殖器官增大,出现遗精等

从运动生理学角度来看,少年儿童的身体素质在不同的年龄阶段表现出不同增长程度,各项身体素质发展的敏感期见表 3-5。

表 3-5 少年儿童身体素质发展的敏感期

身体素质	敏感期/岁	身体素质	敏感期/岁
力量	13—17	耐力	16—18
柔韧性	6—12	灵敏性	10—12
反应速度	7—12	速度	7—14
模仿能力	7—12	协调性	10—12
平衡能力	6—8	节奏	10—12

2. 心理特点

心智发展不成熟是少年儿童心理发展的普遍特征,具体表现如下。

(1)独立性与依赖性共存。

(2)认识水平低,控制力较弱,容易被暗示。

(3)兴趣爱好广泛,但容易发生改变和转移。

(4)身体形态和机能的迅速变化很容易引起心理变化。

(5)容易出现叛逆心理。

3. 作为学生的社会角色特点

青少年儿童处于学龄时期,正处于求学的年龄阶段,学习是青少年儿童的主要任务。

我国提倡为少年儿童"减负"已经有相当长的一段时间了,但是至今,我国学生学习任务繁重,尤其是面对升学压力的学生群体,课业重、睡眠不足成为常态;另一方面,一些学生沉迷于电子游戏、上网聊天,经常熬夜,作息非常不规律,而且缺乏运动健身习惯,学生群体健康状况堪忧。

(二)少年儿童体育活动方案设计

1. 以兴趣为主导

根据少年儿童的性格特点,在设计少年儿童体育活动时,体育活动内容应尽量选择少年儿童感兴趣的体育运动项目、体育游戏。

在设计少年儿童的体育活动方案时,要充分关注少年儿童的身心发展特点与管理,并做好充分的引导和教育,针对少年的体育健身活动的指导,满足其相应的体育需求,培养少年儿童的体育健身兴趣,并建立运动自信。

2. 融入体育知识学习

开展少年儿童体育健身活动的根本目的是促进少年儿童的身心健康发展,因此,设计少年儿童体育活动,应在组织少年儿童的体育活动参与过程中,重视对少年儿童的体育健康知识、保健知识、营养与损伤知识的传授,有助于确保少年儿童体育健身的安全,丰富少年儿童的体育健康知识。

4. 重视正确技术动作学练

科学掌握体育运动技术是少年儿童从事体育健身的重要前提,也是在体育健身中防止技术错误而导致伤病发生的重要前提,应让少年儿童在进行相应的体育健身锻炼过程中正确掌握并熟练运用动作技术,为其以后持续参与体育健身运动、或者发展体育特长奠定良好技术基础。

5. 科学控制体育健身负荷

在少年儿童的体育健身过程中,应确保运动负荷的科学合理,运动强度不宜过大,重点培养少年儿童养成健身锻炼的意识和习惯,促进少年儿童健康发育与成长,而非提高运动专项技能。

少年儿童的体育健身负荷科学设计,健身锻炼时心率指标应在 110～130 次/分钟左右,相对应的劳力指数应在 8～12 级。初期健身锻炼不少于 20 分钟,逐渐增至 30～60 分钟。频率为每周3～5 次。

6. 设计开展亲子体育健身活动

家长对儿童的影响作用是十分巨大的,开展少年儿童体育健身活动,可以设计一些亲子活动,邀请家长和孩子一起参加体育健身活动,这不仅有助于培养家庭体育健身意识、还有助于帮助少年儿童与家长建立亲密的亲子关系,也有助于营造社区良好体育健身文化与氛围。

二、老年人群体育活动方案设计

(一)中青年人群特点

1. 生理特点

青年人是指 18—35 岁年龄阶段的人,中年人是指 35—55 岁的人群。中青年人是青年人群和中年人群的统称,他们具有各自的年龄阶段特点,又具有一些共性。

中青年时期,人各器官组织的生长发育都以基本完成,各系统及其机能的正常生长发育都已经完成,各方面的身体素质大都处于一生中的巅峰,可参加的各种体育活动较多,休闲体育健身的项目选择范围更广。

人至中年,身体素质会逐渐下降,家庭和工作上的事业较多,极大地消耗了中年人的精力和时间,中年人很少有时间为自己的身体健康状况进行时间、金钱的投资,身体健康状况会有严重的下降趋势,往往显得精力不足、体力不支,容易疲劳和出现疲劳后短时间内难以恢复。

在智力方面,无论是从知识储备、社会阅历来说,青年人的智力都相对成熟,可以说青年人和中年人的智力都是一生中人的智力发展最快和最高的时期。与青年人相比,中年人丰富的社会阅历决定了他们的心智要更成熟一些。

2. 心理特点

青年人大多有较为丰富的想象力,丰富的情感,热情洋溢,同时,也表现为易冲动、控制力较差等特点。

到中年以后,在青年时期的情感冲动会得到很大的缓解,随之而来的更多的是对生活和工作的担忧。

中青年或为实现理想、或为改善当前生活、或为满足家人期许,都会面临着不小的生活、工作、情感压力。

3. 作为子女和父母的社会角色特点

中青年人是人的一生中压力最大的时期,尤其是面对"中年危机",上有父母,下有子女,承受的工作和生活的压力将会不断增大,更多的时间与精力将会投入到生活、工作、家庭情感与关系维系中,缺少体育健身运动时间,身体健康状况较差,各种亚健康和职业病会严重侵害中青年人的身心健康。

(二)中青年人群体育活动方案设计

1. 明确体育健身参与的重要性

中青年生理、心智、社会阅历都处于人生发展的黄金时期,本应处于意气风发、拥有健康健美身体,却出现身体机能下降,体质向不健康的方向转变,呈现亚健康状态,很多人感到中年便百病缠身,严重影响其工作和生活。在很大程度上,都是由于运动不足造成的。

正如前面所分析的,中青年人作为社会成员,处于一个比较特殊的年龄阶段,青年时期,青年人忙于学业、恋爱、工作,在激烈的社会竞争中,肩负着成家立业的责任。到中年时期,又将遇到自己职业发展的瓶颈期,同时,还要学会处理各种复杂的社会关系,并处理好与家庭成员之间的关系,很少有闲余时间和精力去参与休闲体育健身活动。

因此,在中青年人群体育活动方案设计时,应重点加强体育健身宣传,提高中青年人的体育健身活动参与意识,

2. 重视体育知识与技能的掌握

设计、组织体育健身活动,应该以身体练习为主,注重体育健身参与过程中的休闲、娱乐功能,同时中青年人具有良好的体能、运动能力,应对中青年人掌握运动技能方面有一定的要求,加强和注重对青年的体育知识和技能的传授,使中青年人能找到一项自己喜欢的体育运动项目,并能熟练地掌握具体的运动技能,为以后的终身体育奠定技能基础。

3. 建立科学健康的生活方式

现代人社会压力大,面对激励的社会竞争,中青年人面临着学业压力、求职压力、升职压力、家庭经济压力等,同时还存在着不健康的生活方式,如熬夜、睡眠不足、饮食不规律、吸烟、饮酒等。这些不良的生活、休闲习惯也会对中青年人的身心健康造成严重的不良影响。

因此,在设计与开展中青年人群的体育活动过程中,应为中青年人的体育健身提供科学的指导,帮助中青年人养成良好的体育健身锻炼习惯,建立科学、健康的生活方式,正确缓解与消除压力。

三、老年人群体育活动方案设计

(一)老年人群特点

老年人是指 60 岁以上年龄段的人。随着我国经济的快速发展,我国人均寿命延长,进入老龄化社会。

老年人积极参与体育健身活动,对个人、家庭、社会都有重要的积极意义。老年人参与健身可以促进个人体质的增强,有助于延缓衰老,拓展交际,丰富晚年生活。

1. 生理特点

随着年龄的增长,老年人各种运动能力会有较大程度的下降,并且衰退的速度回进一步加快,进而导致反应迟缓、运动困难、易疲劳等情况的发生。

老年人由于生理各项技能下降,皮肤松弛,有很多老年人患有不同程度的老年生理退行性疾病。

2. 心理特点

老年人从工作岗位和子女生活中逐渐退出,再加上身体发展的特点以及家庭生活环境的巨大变化,会对其心理活动产生较大的影响,老年人常会表现出各种心理问题,如失落感、孤独感、寂寞感、无用感、恐惧感、紧张感等。

(二)老年人群体育活动方案设计

1. 因人制宜

老年人的体质状况具有很大的差异性,因此应做到因人而异,科学参加休闲体育运动锻炼。

老年人的运动健身应以群体性体育锻炼为主,这样更加适合老年人的身心发展特点。老年人在群体活动中相互进行交往,交流各自体育锻炼的心得体会。

2. 循序渐进

老年人的体育活动设计应坚持秩序渐进,包括一次体育健身锻炼过程中的运动负荷的逐渐增大,也包括在长期的体育健身过程中,结合身体状况在健身一段时间之后可以稍提升运动负荷,但如果运动中出现任何不适应立即停下,如有必要应及时就医。

3. 注意安全

老年人的体育健身活动中,具体的技术动作的难度以及运动的强度应在其可接受范围之内,不可盲目地增加运动负荷,避免造成过度疲劳或身体伤害,保证健身锻炼的安全。老年人的健身重在练习而非技能发展,要坚持安全第一。

另外,老年人的体育健身活动应与运动保健相结合,并注重加强运动过程中的医务监督。

4. 鼓励群体健身

老年人的运动健身应以群体性体育锻炼为主,这样更加适合老年人的身心发展特点。中老年人在群体活动中相互进行交往,交流各自体育锻炼的心得体会。此外,还能使老年人找到归属感。

四、女性体育活动方案设计

(一)女性特点

1. 生理特点

和男性相比,在运动能力发展方面,女子的运动水平要低于男子,女子的肌力低于男子,仅为男子的 2/3 左右。此外,女子的速度素质也要比男子低。女子的持久性耐力、氧利用能力、抗热能力、脂肪供能能力,以及身体的可训练性等方面与男子相比较差。但女子的关节、韧带和肌肉弹性与男子相比较好。

运动系统发育方面,女性的骨骼重量、肌肉重量、肌肉力量均弱于男性,但由于脊柱椎骨间软骨较厚,柔韧性优于男性。女性的骨骼在青春期生长快速并可达到个体的最大水平,称为峰值骨量(Peak Bone Mass,PBM)。峰值骨量受到诸多因素的影响

（图 3-3）。对于女性来说，在达到峰值骨量前，设法增加骨量蓄积，可有效减缓更年期及老年期的骨量丢失，预防骨质疏松。[①]

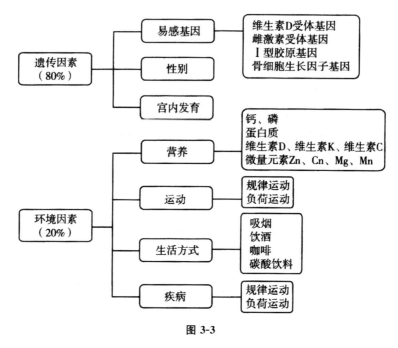

图 3-3

月经是女性非常重要的一个生理特点，它对女性的运动健身起着重要的影响作用。女性在月经期间会有肺活量减低，肌肉力量下降的生理变化。

2. 心理特点

和男性相比，女性多感性、细致、耐心、坚韧耐劳、情感丰富、沉稳，也表现出心胸狭窄、易烦躁和忧郁等心理特点。

（二）女性体育活动方案设计

1. 活动方案设计应符合不同年龄阶段的女性生理发展需求

女性的一生有几个非常重要的时期，包括青春期、妊娠期、更

① 张国华，陈雪红，彭春江．社会体育活动方案设计与组织［M］．北京：北京师范大学出版社，2009.

年期,此外还有月经期,为女性设计体育活动方案应充分考虑女性处于哪一个时期,并结合女性的该时期的生理特点来合理安排体育运动健身项目、负荷、时间等。

2. 循序渐进

任何一个人参与体育健身锻炼,都要循序渐进地增加运动负荷,女性也不例外,女性体育活动方案科学设计应做到前后两次体育健身的连贯性、承上启下性,并能循序渐进地逐渐巩固提高,以收到良好的健身效果。

3. 加强医务监督

女性特殊时期的体育活动方案设计应包括必要的体育运动医务监督内容,以实现科学、安全、有效健身。尤其是在妊娠期的女性,怀孕和临生产以及生产后的女性参与体育活动应在妇产科医生和专业体育健身指导员的指导下进行,确保安全第一。

4. 注意经期运动卫生

月经期间可适当从事体育健身锻炼,可以对子宫起到一定的按摩作用,利于经血的排除,促进血液循环。针对女性月经期的体育活动方案应该增加经期运动健康保健常识的宣传,指导女性学习和掌握经期卫生、心理知识,消除心理顾虑。

第四章 "健康中国"视阈下群众体育健身手段的选择与方法指导

　　"健康中国"建设的根本目的旨在促进国民体质健康,实现国富民强。"健康中国"的建设,广大人民群众是主要的参与者,也是受益者,需要全体社会大众的积极参与和科学参与,如此才能科学有效增强体质。本章重点就群众体育健身活动的手段与方法进行分析,以为广大人民群众更加科学、安全、有效地参与群众体育并取得良好的体育健身效果提供理论与实践指导,为我国新时期的"健康中国"的建设奠定良好的群众体育活动基础和群众体育素养基础。

第一节 "健康中国"视阈下群众体育健身的需求

一、国民体质健康状况

　　广大人民群众积极参与体育锻炼有助于提高国民体质健康水平。

　　体育健身锻炼实践充分证实,个体积极参与体育运动健身对其身体机能和身体素质的提高与发展均具有重要的作用,长期坚持体育锻炼,能有效提高身体免疫力,避免疾病的入侵,可提高健身者的生理机能,对内外环境的适应能力,可改善身体素质,全面增进体质健康。

　　当前,我国国民体质健康状况不容乐观,要实现"健康中国"的中国梦,必须加强群众体育建设,大力推广群众体育健身,积极改善我国国民体质健康状况。具体来说,我国国民体质健康问题集中表现如下。

(一)社会大众体质健康状况

我国普通社会大众(成年人)的体质监测工作起步较晚,1997年开始在部分地区试点,2000年起,全国每5年进行一次全国范围内的国民体质监测工作,国民体质监测是《中华人民共和国体育法》《全民健身计划纲要》的主要内容,通过检测,旨在全面掌握我国大众的体能、反应、运动机能等方面的情况。[①]

《"健康中国2030"规划纲要》指出,"健康是促进人的全面发展的必然要求"。到目前为止,我国国民体质检测已经进行了四次,全国性的普查有助于我们对国民体质有一个大致的了解。

近年来,随着我国全民健身计划的持续推进和"健康中国"建设的不断深入,到2014年,中部、西部省域乡村国民体质发展水平进一步下降,就全国范围来看,城乡国民体质发展处于"低水平均衡"态势。[②]

整体来说,与体育发达国家相比,现阶段,我国国民体质健康状况一般,存在各种各样的健康问题,国民体质健康水平有待进一步得到提高。

(二)学生体质健康监测

青少年学生的体质健康水平关系到无数个家庭,也关系到整个社会的健康发展,青少年学生的体质健康问题受到全社会的重视。

当前,我国各级各类学校都比较重视学生的身心健康发展,鼓励学生参加各种各样的校园体育活动,很多家长也都很重视孩

[①] 张丽娜,王诚民,张文波. 对国民体质健康研究若干问题的思考[J]. 理论观察,2015(2):68-69.

[②] 魏德样,雷雯. 中国省域国民体质发展水平的空间特征与格局演化[J]. 上海体育学院学报,2018,42(3):33.

子的体育运动锻炼,但是,与其他欧美国家相比,我国青少年参与体育运动项目少、体育健身锻炼时间少,体质健康状况很令人担忧。

为了促进我国青少年学生的身体健康发展,我国先后出台了许多指导性文件,强调要加强学生体育健身锻炼,重视学生体质健康检测,这些指导性文件主要有《国家学生体质健康标准》(2007年),《国家中长期教育改革和发展规划纲要(2010—2020年)》《国务院办公厅转发教育部等部门关于进一步加强学校体育工作若干意见的通知》,以及2014年重新修订的《国家学生体质健康标准》《关于强化学校体育促进学生身心健康全面发展的意见》(2016年)等。

当前我国学生健康问题主要集中在以下两个方面。

(1)视力不良检出率居高不下,低龄化倾向明显。

(2)大学生体质不如中小学生。

近年来,在我国青少年体育相关政策的推动下和各级院校的学校体育活动积极开展的情况下,我国青少年学生的体质健康水平较之前相比有了一定的提高,但是还需要进一步的改善。

二、全民健身观念深入人心

新时期,我国社会政治、经济、文化等方面发生了很大的变化,全民健康意识和健康观念和以往相比也发生了较大的改变,现阶段,全民健身观念深入人心,体育健身锻炼已经成为人民群众关注自身健康、追求更高质量幸福生活的重要内容。

(一)政策影响

发展至今,我国社会的各个方面发生了很大的变化,我国正在步入休闲社会,人民群众的体育健康观念发生了很大的变化,开始更加关注体育参与、关注健康。

新时期,为了加强和持续推进国民体质健康发展、积极改善社会大众的体质水平,我国先后实施多项法律和法规,确保人民群众参与体育运动,群众体育与竞技体育的发展差距不断缩小,获得协调发展。《全民健身计划纲要》系列计划的实施,有效推动了我国社会大众的体育健身活动参与和健身习惯养成。

21世纪以来,随着我国国民经济持续稳步发展,居民人均可支配收入持续增长,群众生活水平显著提高。在良好的社会经济发展背景下,经济产业结构和居民消费结构不断升级,群众对生活质量有了新的、更高的追求,同时,我国加强和重视体育事业发展,我国体育事业发展良好,为全民健身奠定了良好的发展背景和基础。

2016年8月19日至20日,全国卫生与健康大会在北京顺利召开,国家主席习近平出席会议并发表重要讲话,指出"人们常把健康比作1,事业、家庭、名誉、财富等就是1后面的0,人生圆满全系于1的稳固"。

2016年10月25日,中共中央、国务院发布《"健康中国2030"规划纲要》,该文件明确提出,"发展群众体育产业,促进全民健身与全民健康的深度融合"。

2017年10月18日,中国共产党第十九次全国代表大会在北京隆重召开的首日,习近平总书记在十九大报告中明确提出,新时代,要坚决贯彻和实施"健康中国战略","完善国民健康政策,为人民群众提供全方位全周期健康服务",要大力发展全民健身,"人民健康是民族昌盛和国家富强的重要标志"。

当前,人民群众的体育参与热情高涨,全民健身深入人心。

(二)大众健身和商业健身发展的推动

现阶段,伴随着全民健身运动的不断深入发展,无论是个人的体育健身,还是群体性的体育健身,随着我国对全民健身发展的重视,越来越多的体育运动项目和活动被引进、改创,大众健身内容日益丰富,一些新的体育健身项目不断涌现,社会大众的体育健身生活越来越丰富,全社会良好的健身氛围已经形成。

在良好的社会发展背景和时代背景下,我国体育事业发展空间广阔,大众体育健身的快速发展使得大众健身的市场需求进一步扩大,随着我国健身市场的不断发展,我国商业健身服务业发展前景广阔。在市场经济条件下,几乎每个商业健身市场的经营主体都能在众多体育健身消费者群体中找到自己的细分市场,在所有健身人群中,年轻人的健身消费投入较多,商业健身成为我国体育产业发展的一个重要组成部分,在商业健身的快速发展推动下,我国居民体育消费观念也正在发生着明显的变化。"花钱买健康"已经成为很多人的健康投资共识。这充分说明了我国社会大众的健康、健身需求正在不断增加。

三、群众健身活动亟需完善

截止到 2015 年,我国系统性的全民健身活动与组织活动开展了已有 20 年,虽然取得了一些成绩但也存在不少问题,群众性体育健身活动还需要得到进一步的完善与发展。

(一)活动组织需求

当前,我国群众体育健身活动的开展重要依靠基础社会体育组织来进行,群众健身组织活动的管理手段主要是依靠行政手段,缺少社会自主参与,地方政府兼具"政府"和"管理者"两种身份,同时发挥"执行""管理"和"监护人"三种职能,群众性的体育健身活动组织与管理还需要得到进一步的规范。

例如,在群众性的体育活动组织中,什么时候开展群众性体育活动、开展规模、开展时间都由基层政府决定,不能很好地照顾到群众真正的体育参与需求,如对活动主题的需求、对活动时间的需求,对活动内容与形式的需求等,一些基层组织往往会考虑如何组织更方便就怎么组织,开展全民健身活动考虑形式多,研究内容和效果少,只能照顾到少数人的体育需求,只是在形式上走得很好看,阵容很强大,但实际上人们真正得到锻炼健身的机会却不多,大多数群众不能受益,甚至有群众根本不知道本地区举办了何种群众性体育健身活动。

再如,群众健身活动内容和形式上示范性、展示性多,科学性指导少;节庆日活动多,日常性活动少。经过多年的发展,主题突出、特色鲜明的"全民健身与奥运同行"活动,"全民健身月"活动组织与开展良好,成为了全民健身活动中的成功典型,但具体到城市社区基层体育健身活动,乡镇、农村的日常体育活动等则缺乏专人组织与指导,人们的健身活动多为自发性的,健身科学性无法得到保障。

(二)区域化健身需求

经济发展与群众体育健身发展方面存在着非常密切的联系,二者呈正相关的关系,一般来说,经济发展好的地区,群众健身意识强、健身活动开展较多;反之,经济欠发达地区,群众健身意识淡薄、健身活动开展较少。我国全民健身活动开展与参与表现出地域性。

具体来说,我国城市和经济发达地区的群众体育健身活动组织开展的活动多,农村和欠发达地区的群众体育健身活动组织开展的活动少。这跟当地政府和经济发展有很大的关系,在经济发展较好的城市,政府花在全民健身活动上的资金多;经济发展不好的城市,大多把钱放在城市建设上。

此外,城市居民收入较高,体育作为一种发展性投资,城镇居民具有体育参与的良好经济基础,而偏远农村的家庭体育支出资金几乎是没有的。这也正说明了我国同年龄阶段的城市青少年比农村青少年的身高要高一些的原因,不仅是因为营养,也是因为城市的孩子有更多机会参与体育健身锻炼,而农村孩子的课余时间和农忙时间更多是用来帮助家里做一些体力劳动(需要说明的是,体力劳动不能代替体育锻炼。很多体力劳动是特定身体姿势的大量重复,可导致局部劳损或职业病,破坏身体健康)。包括农村青少年群体在内的农村居民更需要体育健身活动指导、健身场地建设。

(三)个性化健身需求

当前,就我国群众体育健身活动开展状况来看,在健身活动的参与人群中,群众的个人健身需求丰富、多元,很多人参与健身都希望能得到个性化、有针对性的体育健身指导。

我国群众性个性化健身参与表现出以下特点。

(1)妇女和老年人多,青少年和职工少是普遍存在的一个现象。

(2)居民的体育参与存在较大性别差异。从总体上讲,是男性的参与比率高于女性。

(3)群众体育参与年龄性别比波动幅度较大,最高值为538.39(76岁以上组),最低值为84.52(56岁~60岁组)。

(4)我国职业人群受性别、年龄、文化程度的影响,他们参加体育活动的情况有着明显的差异性和职业倾向性。

(5)受地域环境、风俗习惯和经济条件的制约,不同地区的群众参与体育健身也表现出发展的不均衡性。

(四)健身场地需求

我国群众体育发展的历史并不长,我国群众健身事业发展迅速,但是也存在不少的问题,例如资金问题、管理问题、文化建设问题,但是,最突出的一个问题就是群众体育健身场地缺乏的问题,这是制约我国群众体育发展的一个重要因素。

就我国国情来看,我国群众健身体育场地设施的资金来源主要是国家财政和地方政府的支持,对于这样一项长期伴随人们生活不可或缺的公共设施资源,后续资金的缺乏,场地设施就不能得到很好的维护,仅依赖于政府的财政支持,一方面导致公众缺乏财产保护意识,另一方面,源源不断的投入给政府造成巨大的负担。此外,我国缺乏专业知识过硬的体育场地管理专业人才,体育健身场地匮乏与体育健身场地使用寿命短是我国群众体育健身场地面临的突出问题。

第二节 群众体育健身的科学原理

一、新陈代谢原理

代谢是人体的基本生理活动,能为人体活动提供最基本的营养物质并带走机体运动代谢废物。新陈代谢是人体生命活动的基本特征之一。

新陈代谢包括物质代谢与能量代谢两个过程,它具有非常重要的作用和意义。如果新陈代谢过程停止,那么人的生命活动也会随之结束。此外,健身过程中,人体的物质代谢与能量代谢活动变得比安静状态时更加积极,良好的物质代谢与能量代谢能为个体从事科学的体育健身运动提供重要的物质保障。代谢原理是个体从事运动必须遵循的重要理论依据之一。

参与健身运动过程中,人体内的物质和能量消耗会较平时的安静状态下的消耗量会更大。人体在运动状态下,体内的组织细胞内酶系统的适应性,酶的活性得到提高,从而促进人体的物质代谢过程和能量代谢过程,通过运动锻炼,人体各器官系统的功能也得到进一步增强,这是体育健身可增强个体体质健康的重要原因。

任何一个人在参与体育健身的过程中,都应该对自身的运动健身状态下的新陈代谢情况有一个大致的了解,并根据体育健身活动对机体的生理代谢需求来合理补充营养、做好运动热身准备、做好运动后的整理工作,如此才能取得理想的健身效果。

二、行为动机原理

动机是个体的内在心理过程,是个体产生某一种心理决策与做出某种行动的最根本的心理因素。动机能够引起人的活动,使活动导向一定的目标,以满足个体的需求。

就个人的体育健身活动参与来说,个体决定参与体育健身锻炼并付诸于健身行动的引发动机是不同的,参与体育健身的积极性和健身努力程度也会有千差万别,了解个人的体育健身动机,可以有针对性地培养其健身动机,从而能更有利于提高个人参与体育健身的积极性与主动性,个人的健身动机一旦得到刺激,那么个人就会更加坚定要参与体育健身锻炼的信心,并能坚持长期参与体育健身锻炼。

就群众体育健身参与来说,全民健身是一个非常大的健身工程,对于人民群众的健身意识和健身观念的树立要非常重视,只有参与者产生充足的健身动机,才有可能促进健身行动的实施。我国人口众多,不同的社会人群,他们的年龄、性别、教育程度、生活经历等各个方面有所区别,因此,不同的人的体育健身运动参与的心理需要、动机层次、指向以及深广度等都会有所不同。广大人民群众参与体育健身的原始动机是多样化的,如健身、养生、美体、康复等,而且并不是一成不变的,有时还会多种动机相互综合共同发挥作用,因此,要真正推动全民健身活动开展,就必须要了解广大人民群众的体育健身动机,采取有针对性的动机引导和刺激措施,使"让我参与"变成"我要参与",大大激发参加者的主动性,使人们自觉锻炼身体,而不是靠强制性强迫人们参加健身活动。同时,通过树立样板、典型示范等方式提供人们学习的榜样,运用榜样的力量激励人们积极地参与体育活动。不断引导和吸引更多的人加入到群众体育健身活动中来,如此才能促进"健康中国"的建设。

三、运动负荷原理

运动负荷,具体是指运动者以身体练习为基本手段对有机体施加的各种运动和训练刺激。面对刺激,机体做出生理或心理应答。运动负荷具体是指生理负荷,负荷刺激可令有机体各器官系统的机能状态产生不同影响与变化。

参与体育运动,应做到体育运动负荷的科学、合理安排,这是任何一个人参与体育运动锻炼都必须遵守的运动学原理。

就群众体育健身活动的开展来说,其最终目的是提高广大人民群众的身体素质水平、改善国民体质,这一目的主要是通过广大人民群众在健身运动过程中不断承受和适应体育健身运动负荷来实现的,通过机体的不断适应来提高机体的运动能力和对外界(运动负荷)的适应能力,进而达到强身健体的目的。

要科学从事体育健身活动,必须重视运动负荷的合理安排,具体应注意以下两点。

(1)健身初始阶段,为了尽快进入运动状态,通常以增加负荷量促进机体适应的尽快实现。

(2)体育健身运动负荷安排应因人而异,健身人群不同、健身项目不同,运动负荷安排应有所区别。

四、运动适应原理

机体具有对环境(内环境与外环境)的适应能力,这种适应能力是一种生理本能,正常人的机体一般都具有一定的适应能力,运动适应具体表现在当个体长期经常性地从事体育运动健身锻炼时,身体为了适应活动需要,经常参加工作的肌肉体积会加大、力量增强,同时还伴随有心肌变厚,脉搏减少,肺活量增大,血压降低等生理现象。这些生理现象的产生和变化就是机体适应体育运动的表现。

体育健身过程中机体对运动内容的适应过程分析如下。

(1)刺激阶段。训练初期,机体需要接受来自各方面的各种刺激。

(2)应答反应阶段。在运动负荷的刺激下,机体内部各器官和运动系统的功能产生兴奋,并将兴奋传输到机体各个器官中,最后使整个机体都进入运动状态。

(3)暂时适应阶段。经过一段时间的体育健身,参与者身体机能就会进入良好的工作状态,并且在健身过程中机体各项生理指标表现稳定,随着健身活动的继续进行,当机体某项应答指标虽不再上升也能承受外部刺激时,表明机体已经适应了当前的运动刺激。

（4）长久适应阶段。长期参加体育健身,机体在长期反复、持久的运动刺激下产生较为明显的身体结构和机能方面的改造,主要表现为机体运动器官和身体机能的完善与协调。

（5）适应衰竭阶段。运动负荷安排不合理时,机体无法承受相应的运动负荷刺激,可产生不良生理变化,如疲劳、衰竭、伤病等。

群众体育活动要遵循运动适应原理,任何人参与体育健身活动,都要循序渐进、量力而行、稳中求进,切忌急于求成,要科学合理地加大运动量,以免运动过度、诱发伤病、危害身心健康。

五、超量恢复原理

超量恢复,又称"超量代偿",是关于运动时和运动后休息期间能量物质消耗和恢复过程的超量恢复学说。

根据超量恢复原理,人体的锻炼过程可以分为三个阶段,即运动时机体工作能力下降阶段、运动后工作能力复原阶段、工作能力超量恢复阶段(图 4-1)。

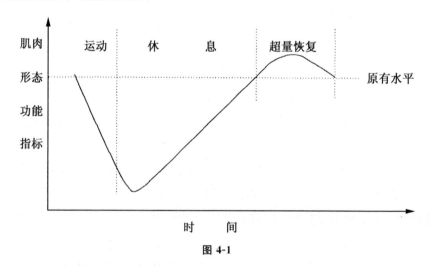

图 4-1

超量恢复原理科学指导下的健身运动过程可以分为三个阶段,即运动时各器官系统工作能力下降阶段、运动后工作能力复原阶段、工作能力超量恢复阶段。

(1)健身运动过程中,健身者体内以能源物质的分解和能量的消耗为主,恢复过程处于次要地位。机体在健身过程中的能源物质的消耗大于恢复。

(2)健身运动结束后的恢复期中,能源物质则从以消耗为主转为以恢复为主。

(3)健身运动结束后,机体为适应以后更大负荷的运动会进行自我能源恢复,同时,配合营养补充,体内的能源物质的数量逐渐恢复到运动前水平,并可以达到超过运动前水平。

超量恢复原理指导下的科学健身应注意以下几点。

(1)机体在健身活动中必须要承受一定的生理负担,使机体产生疲劳,但应避免过度疲劳。

(2)为了使机体保持超量恢复的水平,一定要反复进行超量恢复,这是保持良好健身效果状态的基础。

(3)参与不同健身项目,机体不同能源物质在健身过程中的消耗速率和恢复时间是不同的,应合理制定健身计划。

(4)健身运动中间歇时间的长短会影响机体运动后的体能恢复,因此,体育健身活动参与过程中,应合理安排运动间歇时间。一般来说运动后的心率恢复到 $100\sim120$ 次/分时可再进行下一次运动。

(5)健身锻炼期间和健身后,应注意补充能源物质,促进超量恢复的实现。

六、运动素质转移原理

参与体育健身锻炼,可以强身健体、增强个体的运动素质水平,而良好的运动素质能为有机体参与更具难度的运动健身活动奠定体能基础。

运动学研究表明,在长期的体育健身运动锻炼过程中,个体所形成的不同运动素质之间具有非常密切的关系,它们相互影响、互相依赖。健身运动过程中,机体的某一运动素质的发展可以引起其自身和其他相关运动素质的发展,这就是运动素质转移原理,运动素质转移原理有助于运动者事半功倍地获得预期的健身效果。

具体分析来看,各项运动素质的转移及其关系的生理生化基础是决定运动素质转移的内在机制。如果两种素质发展的生理、生化基础相同,则会产生良好转移;反之,则不会出现转移或导致不良转移。运动素质转移的决定性因素及机制表现如下。

(1)有机体系统构成的整体性。同一种运动素质或不同的运动素质,是机体各器官系统的共同作用的结果。

(2)机体能量供应来源的同一性。健身过程中,运动素质发生转移多是因为能量供应来源基本相同。

(3)技术动作结构的相似性。健身活动通过各种身体动作来表现与完成,各动作之间的动作结构及肌肉特征越相似,运动素质转移的可能性就越大。

七、运动技能形成理论

运动生理学研究表明,个体参与体育健身活动,已经掌握的体育运动经验会为之后的运动健身奠定良好的运动习惯和运动技能基础。研究证明,大脑皮层动觉细胞可以和皮质所有其他中枢建立暂时性神经联系,包括内、外刺激引起皮质细胞兴奋的代表区在内。运动的生理机理是以大脑皮质活动为基础的暂时性神经联系。因此,人体掌握运动技能的生理本质,就是人体建立运动条件反射的过程。

在健身运动中,运动者的各项运动条件反射是由多种简单的非条件反射综合起来共同构成的。体育健身过程中,通过各种感官与运动条件刺激,机体可以完成对运动训练刺激的动作反应,简单动作反应可以为复杂动作反应奠定基础,最后经过多次重复练习,可以实现技术动作的自动化,即运动者掌握了具体的运动技能。

第三节　群众体育健身指导的方法

健身者需要长期坚持参加体育活动,在健身过程中,通过多种体育健身方法来指导运动者完成具体的动作,以实现既定的健身效果。群众体育健身常用指导方法有如下几种。

一、重复法

重复法,就是反复进行某一动作内容的练习,通过不断重复具体的身体动作,来促进健身者掌握、巩固与提高相应的运动技能,并促进身体运动素质的发展。

具体来说,个体参与体育健身活动,利用重复法进行健身具体操作如下。

(1)反复练习同一动作,为避免单调乏味,应注意健身过程中健身者的情绪和注意力调动。

(2)健身过程中,应严格规范健身者的技术动作,在负荷强度上不提出过高的要求。

(3)反复练习应建立在技术动作正确的基础上,否则在形成错误动作定型后很难纠正。

(4)科学控制技术动作学练的数量、负荷。

二、持续法

持续法就是坚持长时间地进行一定的运动负荷强度的连续练习的健身方法。持续法的科学应用有助于健身者不断完善运动负荷强度低且细腻的技术动作,使之精细化,并提高机体的运动供能适应。

指导个体运用持续法参与体育健身活动要求如下。

(1)进行单个或组合技术的反复持续性练习。

(2)熟悉成套动作进行健身。

（3）坚持练习,发展与提高机体耐力与其他运动素质,注意健身过程中健身者坚强意志力的培养,重视鼓励健身者。

三、循环法

循环法,就是对既定的健身内容分站点的,依次完成健身任务,然后再从健身最初的任务开始,如此不断循环往复。循环健身各站点内容不同,有助于消除健身者在运动实践中的枯燥感,有利于提高健身者的健身积极性、主动性。

在具体的健身实践活动中,利用循环法开展健身活动要求如下。

（1）健身者的健身内容安排应注意根据阶段健身任务的变更及时进行调整或变换。

（2）所循环的健身内容不宜反复更换。一般情况下,开始时先练一个循环,过2~3周再增加一个循环,逐渐增加。

（3）所循环的健身内容不宜过多,一般情况下,最多不得超过5个循环。

四、完整法

简单来说,完整法就是从单个动作环节逐渐过渡到完整技术动作练习、从单个动作逐渐过渡到整套动作练习的健身方法,该方法有助于促进健身者完整掌握技能,确保健身过程的完整性。完整法健身应用具体要求如下。

（1）健身从头至尾是完整的,不分环节和部分,不曾中断。

（2）对于较为复杂的技术动作,健身者首先要掌握基础的技术动作,在此基础上进行练习。

五、分解法

分解健身法,与完整健身法相对,是对健身内容的细分逐一地、精细化地——练习掌握的健身过程与方法。

在体育健身实践中,分解法通常适用于技术动作比较复杂的健身活动内容,健身过程中要求健身者应熟练掌握每一个技术细节,将整个健身内容分解开来,逐个重点练习。

六、间歇法

间歇健身最大的特点就表现在"间歇"上,该健身方法对健身时间有严格的规定。健身实践中,应注意以下几点。

(1)根据超量负荷的原理科学安排健身过程,健身中可提高每次练习的强度,增加练习重复次数和调整间歇时间。

(2)间歇时间科学、合理。

(3)健身负荷得当。

(4)在机体尚未完全恢复时参与下次练习。

七、变换法

变换法,是通过变换不同的健身要素,来提高健身者积极性的健身方法,可以有效避免健身时的枯燥感,具体可在健身实践中变换以下健身元素。

(1)变换健身内容:技术动作的固定组合,或变异组合。

(2)变换健身形式:变换健身场地、线路、落点和方位等条件或环境。

(3)变换健身负荷:降低或提高负荷,或改变负荷强度与密度。

八、游戏法

游戏健身法即通过游戏的形式来开展各种健身活动,这种方法可以大大提高健身者的健身活动参与的积极性,尤其是针对青少年儿童健身、健身活动的开始阶段,非常适用。但游戏健身内容简单,对于对自身有一定运动技能要求和追求的健身者来说,健身内容往往会显得过于简单。

九、比赛法

比赛法是指组织实战性的比赛,以竞赛方式开展健身活动。当前群众性体育运动竞赛是推动群众体育健身活动推广与开展的有效途径。

组织开展群众健身性体育运动比赛,可以激发健身者的体育运动参与动机,促进运动者积极向上、克服困难,坚持健身并努力创造出运动成绩,更圆满地达到健身要求。具体在操作实施过程中,可以健身条件为基础,健身与比赛交叉、同时进行。

第四节　群众体育健身指导的工作程序与操作

一、健康咨询

(一)健康状况调查

对群众体育健身指导对象进行健康状况调查是十分必要的,有助于健身指导员(者)充分了解健身者的相关信息,有效评估健身者的生活方式及健康水平,及早发现运动危险因素,并为合理制定健身计划与运动处方奠定基础。

表 4-1 是加拿大学者为准备参加健身锻炼者设计的调查问卷,能初步确定锻炼者参加运动是否危险,是否需要在运动前进行医学检查。

表 4-1　身体活动准备情况调查

问题	是	否
1. 是否有医生说过你心脏有问题,并只能做医生推荐的体育活动		
2. 运动时,是否会感觉到胸部疼痛		
3. 在过去几个月的运动中,是否发生过胸部疼痛		

续表

问题	是	否
4. 是否出现或因头晕而失去平衡或失去知觉的现象		
5. 是否存在骨骼或者关节问题		
6. 最终是否在服用一些血压或心脏方面的药物		
7. 是否知道自己不能参加运动的一些原因		

表 4-2 是为确定健身者的基础健康水平及风险因素而制定的身体活动准备情况调查问卷,可以帮助健身指导员(者)进一步明确健身者的运动健身禁忌。

表 4-2 运动健康/医疗调查问卷

基本信息
日期: 姓名: 性别: 出生日期: 身份证号: 联系电话: 联系邮箱: 其他联系人(必要时联系):姓名: 关系: 电话:
健康/医疗信息
1. 当前/既往病史 高血压□   心脏病□   血脂异常□   糖尿病□   肺炎□ 胸闷口呼吸困难□   头晕眼花□   关节疼痛□   水肿□ 身体过度疲劳□   其他□
2. 家族病史 请写明第一级亲属是否有下列病史及发病年龄: 心脏病 高血压 血脂异常糖尿病 其他主要疾病

续表

健康/医疗信息
3. 活动史 过去是否经常参加体育活动?　　　是　　否 这段时间是否定期参加锻炼?　　　是　　否 是否能走 4 千米而不出现疲劳?　　能　　不能 过去是否参加过抗阻训练?　　　　是　　否 过去是否发生过运动损伤?　　　　是　　否
4. 生活方式与健康状况 是否吸烟?　是　　否　　（如果是,每天的量　　　） 是否制定过或正在执行饮食计划?　　是　　否 营养状况如何? 体重是多少? 个人健康情况和健身目标: (1) (2) (3)

(二)运动前医学检查或运动试验

健身者开始运动前,应进行医学检查或运动实验,以确定健身者的身体状况和运动中是否存在危险因素,以及存在哪些危险因素,以便于提前做好运动准备。

进行运动实验时,主要对健身者的基本身体素质(力量素质、速度素质、耐力素质、灵敏素质、柔韧素质等)进行检测,判断健身者处于一个什么样的体质健康标准和范围之内,以为之后制定健身锻炼计划和运动处方作为重要参考。

(三)运动危险因素评估

1. 既往病史

一般来说,运动的危险因素包括从肌肉、骨骼损伤到大的冠状动脉事件等,其中冠状动脉疾病危险因素和药物治疗情况以及已确诊的疾病和生活方式等是运动医学检查之后进行评估的关键内容。

2. 服用药物

了解健身者的既往病史和运动中出现过的身体健康状况之后,有必要进一步对健身者的既往药物治疗的用药类别和药效进行深入了解,因为有些药物会对个体的心率产生一定影响,因此,不适合使用心率来监控运动强度。

3. 生活方式

生活方式与健康有密切关系,一些不良健康饮食可导致个体存在健康隐患和运动安全隐患,因此有必要了解健身者的生活方式。

(1)饮食情况:高脂、高热量饮食与肥胖和糖尿病等密切相关;过量的酒精摄入与心血管疾病高发率有密切联系。了解健身者的日常饮食习惯并对其热量摄入进行评估。

(2)身体活动参与情况:缺少身体活动是导致心血管疾病的重要因素,健身教练要了解健身者的日常身体活动或运动史,以便及早发现潜在的危险因素并制定科学的健身计划。

(3)心理状况:压力与冠状动脉疾病的危险因素有关,健身教练要能够识别心理压力过重的一般迹象和征兆,通过科学运动给予积极性的干预。

(四)体质测定与评价

我国颁布《全民健身计划纲要》后,建立了国民体质监测系统,制定了《国民体质测定标准》和体质评价标准,监测对象是年满3～69岁的中国公民,针对不同的人群选择不同的测试指标,体质测定指标及测定标准等详见《国民体质测定标准》。

现阶段,要做好群众体育健身工作,社会体育指导员或健身教练员必须具备健康咨询、体质测定与评价及科学健身指导等基本能力。

1. 体质测定指标体系

(1)形态指标:身高、体重、胸围、坐高、肩宽、骨盆宽和身体成分(体脂百分比)等。

(2)机能指标:安静心率、血压、肺功能(肺活量、胸围差)和心血管运动试验(台阶试验)等。

(3)身体素质和运动能力指标:

①力量指标:握力、仰卧起坐(女)、单杠引体向上(男)、垂直纵跳、立定跳远、投实心球等。

②反应能力指标:反应时等。

③耐力指标:1 000 米跑(男)、800 米跑(女)等。

④柔韧性指标:站立或坐位体前屈等。

⑤灵敏和协调性指标:10 米×4 折返跑、50 米×8 折返跑等。

⑥平衡性指标:闭眼单足站立、走平衡木等。

2. 体质评价

根据我国颁布与实施的《国民体质测定标准》,对我国国民个体体质的测试与评定的综合评级分为优秀、良好、合格、不合格 4 个等级。

二、运动处方的制定与实施

(一)运动处方的制定

运动处方是由医生、康复治疗师、社会体育指导员或体育工作者根据人们的健康和体质状况,用处方的形式制定的系统化、个性化的运动方案。

运动处方制定的基本原则是符合个人的身体条件和体质水平,并根据体力水平和体质的变化而不断地调整。在制定运动处方前必须充分了解不同个体的健康与体质状况,并排除运动禁忌者。制定运动处方过程中,应充分考虑健身者的有关于身体状况的各种数据的检测结果,依据健身者身体锻炼的基本原则和基本规律来为健身者提供包括锻炼的内容、强度、时间在内的具体的身体锻炼方案。

运动处方制定的具体程序如图 4-2 所示。

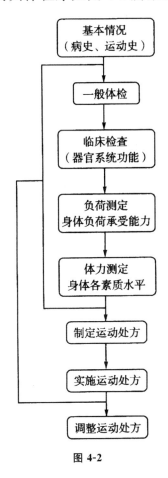

图 4-2

(二)运动处方的实施与修正

运动处方制定后,最初应设一个观察期,试行 1~3 周,然后再设一个 2~4 周的调整期,反复修正后再真正进入运动实践。

运动处方的初次实施有助于运动处方的科学修正,健身者在根据运动处方进行锻炼一段时间之后,应再次进行相关医学检查与健康评估,评定运动处方的锻炼效果,并根据身体的状况来对运动处方进行调整或制定新的运动处方。

第五节　不同运动项目的体育健身指导

一、基础走跑项目健身指导

(一)健身走

1. 散步

散步时,健身形式放松,但不随意,正确的身体姿势对于良好健身康复效果的获得具有非常重要的影响,正确的散步身体姿态应为自然正直,抬头挺胸,收腹收臀,两肩放松,手臂自然摆动,两腿屈膝交替迈进。散步有多种形式,不同运动形式的健身效果不同(表 4-3)。

表 4-3　散步形式与方法

散步形式	散步方法	步速控制	散步时间
普通散步	——	60~90 步/分	20~40 分钟
快速行走	加快散步步频	90~120 步/分	30~60 分钟
摆臂散步	两臂前后大幅度摆动	60~90 步/分	30~60 分钟
摩腹散步	行走时两手旋转按摩腹部,每走一步按摩一周	30~60 步/分	——
臂后背向散步	两手背放在腰部,缓步背向行走 50 步,然后再向前走 100 步	——	一退一进反复行走 5~10 次

2. 慢步走

慢步走,主要通过对运动者的步速控制,强调运动者利用轻快的步行缓和紧张的神经肌肉,以此来达到健身和放松身心的运动目的。

值得注意的是,慢步走,名称上虽强调"慢",但实际上是一种比散步的步频稍快的健身走方式,每分钟行走 90 步左右。

(二)健身跑

1. 原地跑

原地跑适应性强,不受任何场地、场合、时间限制,随时随地可进行健身。

原地健身跑健身过程中,健身者可以通过多样化的动作变化来丰富跑的形式,如加快跑速、加大动作幅度、延长跑的时间等来增加运动强度和运动量,可使整个健身康复过程丰富、有趣,并可强化健身效果。

2. 耐力跑

耐力跑适合体质健康者,能有效提高运动健身者的心肺功能,尤其适合处于生长发育期的青少年健身练习。

耐力跑健身过程中,要尽量做到动作轻松、沉稳,步幅匀称、呼吸平稳,同时,应注意运动形式的多变(如步速、时间、动作变化等),促使健身者集中注意力,提高健身效果,并减少意外损伤发生。

3. 变速跑

变速跑是指健身跑过程中不断变化跑进速度的一种健身跑方法,可以先快跑(慢跑)一阵,再慢跑(快跑)一阵,快跑和慢跑交替进行。不同年龄阶段的运动者参与变速跑的科学健身计划可参考表 4-4、表 4-5、表 4-6。

表4-4　30岁以下健身者初期10周变速跑健身计划①

周	运动形式	距离（米）	健身时间（分钟）	每周健身次数
1～2	走	3 200～4 800	32～48	3～5
3～4	走、跑交替	3 200	24～26	3～5
5～6	跑	3 200	20～22	3～5
7～8	跑	4 000	20～30	3～5
9～10	跑	4 800	27～30	3～5

表4-5　31—49岁健身者初期12周变速跑健身计划

周	运动形式	距离（米）	健身时间（分钟）	每周健身次数
1～3	走	3 200～4 800	34～50	3～5
4～5	走、跑交替	3 200	24～26	3～5
6～7	跑	3 200	20～22	3～5
8～9	跑	4 000	25～30	3～5
10～12	跑	4 800	27～31	3～5

表4-6　50—59岁健身者变速跑健身计划

周	运动形式	距离（米）	健身时间（分钟）	每周健身次数
1～4	走	1 600～4 800	24～52	3～5
5～6	走、跑交替	3 200	26～28	3～5
7～8	跑	3 200	22～24	3～5
9～10	跑	4 000	27～32	3～5
11～12	跑	4 800	30～32	3～5

二、传统养生项目健身指导

(一)太极拳

健身者可成套练习或练习太极拳套路其中的一组或几组,练

---

① 曹定汉.走跑与健身[M].合肥:中国科学技术大学出版社,2007.

习中应注意动作缓慢、圆润。这里重点讲解太极拳基本动作定式,以为群众的太极拳健身奠定良好的技术基础。

1. 手型

拳:五指卷屈,拇指压于食指、中指第二指节上,手指自然握拢,握拳不要过紧。

掌:五指微屈,自然分开,掌心微含,虎口成弧形。

勾:五指第一指节捏拢,屈腕,手腕松活自然。

2. 手法

贯拳:两拳自下经两侧向前上方弧形横打,与耳同高,拳眼斜向下,力达拳面。

冲拳:拳自腰立拳向前打出,高不过肩,力达拳面。

推掌:立掌推出,掌心向前,指尖高不过眼,力达掌根。

将:两臂稍屈,掌心斜相对,掌随腰转,由前向后划弧。

棚:臂成弧形,前臂由下向前棚架,横于体前,肘低手高。

云手:两掌在体前上下交替呈立圆运转,手高不过眉,低不过裆。

按:臂不可伸直,手心向前,手腕微塌。

3. 步型

提步:一腿屈膝下蹲,完全支撑体重;另一脚脚尖向下,收控在支撑脚的内侧。

并步:两脚平行,相距 20 厘米,脚尖向前,全脚着地。

弓步:前腿屈膝,大腿与地面平行,后腿直膝后伸。

独立步:一腿独立支撑,膝屈;另一腿提膝。

仆步:屈膝下蹲,全脚掌着地;另一腿直膝,脚尖里扣,全脚掌着地,仆出腿的脚尖和下蹲腿的脚跟在一条直线上。

虚步:一腿屈膝支撑,另一腿屈膝脚尖虚点地。

4. 步法

上步:一脚向前迈出一步脚跟先着地,重心前移,脚掌踏实。

进步:脚跟并拢,脚尖外摆;屈膝,提脚,上步,跟进。

跟步:后脚向前收拢半步。

开步:一脚侧向分开一步或半步,如起势的左脚移动。

(二)八段锦

成套八段锦健身动作与方法练习如下。

1. 预备式

身体直立,两臂下垂,全身放松,舌抵上腭,目光平视。

2. 第一段:双手托天理三焦

(1)两臂外旋下落,十指腹前交叉。

(2)直膝,胸前托掌,再托两臂,抬头。

(3)上举两臂,直肘;提脚跟,抬头,目视手背。

(4)呼气,缓低重心,十指分开,两臂下落。

3. 第二段:左右开弓似射雕

(1)右移重心,开步站立;两掌胸前交叉,马步。

(2)右掌变爪,置于肩前;左手八字掌,左臂左平推出。

(3)右移重心,右手爪变掌,向上、右画弧与肩齐高;左手变掌,右移重心;两掌胸前交捧,目视前方。

(4)右侧马步开弓,动作同左侧,方向相反。

4. 第三段:调整脾胃须单举

(1)并步直立,胸前屈肘抬臂,掌心向下。

(2)左手内旋头上举,右手下按至右胯旁,此为"左举"。

(2)做"右举",与左举动作相同,方向相反。

5. 第四段:五劳七伤往后瞧

(1)并步站立,头左后转,目视后方。
(2)头还原,再右后转,目视后方。

6. 第五段:摇头摆尾去心火

(1)左脚左跨成马步,双手按膝,虎口朝里。
(2)吸气,头左下摆,臀右上摆,上体左倾。
(3)呼气,头右下摆,臀左上摆,上体右倾。
(4)上体前俯,头和躯干自绕环一周。

7. 第六段:双手攀足固肾腰

(1)挺膝直立,并步,双手背身后。
(2)上体前俯下腰,直膝,手握脚尖。

8. 第七段:攒拳怒目增力气

(1)左脚左跨成马步,双手腰间抱拳,目视前方。
(2)缓冲左拳,拳心向下;左拳变掌,再抓握成拳,收抱腰间。
(3)冲右拳,动作同冲左拳,方向相反。

9. 第八段:背后七颠百病消

(1)提脚跟,双手身后交叠,头上顶,吸气。
(2)落脚跟,接近地面但不着地,呼气。

10. 收势

两臂侧摆与髋齐平,屈肘,两掌丹田相叠,还原,成预备式。

三、时尚操舞项目健身指导

(一)健美操

发展到现在,我国成套健美操内容丰富、形式多样,适合不同年龄阶段人群,如有中小学生健美操、大学生健美操、大众健美操,以及各种表演性健美操,社会大众可结合自身年龄特点和喜好来选择具体的健美操动作或成套健美操进行学练。

这里重点就基本健美操动作学练内容与方法进行解析,以为群众参与健美操健身奠定良好的动作基础。

1. 基本手型

健美操基本手型多借鉴舞蹈动作,常见手型动作主要有合掌、分掌、拳、推掌、西班牙舞手势、芭蕾手势、一指式和响指。各手型动作具体如图 4-3 所示。

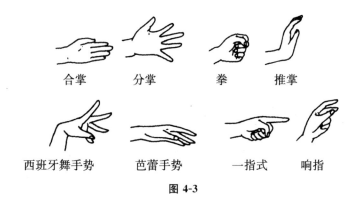

合掌　　　　分掌　　　　拳　　　　推掌

西班牙舞手势　　芭蕾手势　　一指式　　响指

图 4-3

2. 头颈部动作

(1)屈:身体正直,头部向前、后、左、右 4 个方向做颈部关节弯曲的运动。

(2)转:头正直,下颌平稳地左右转动 90°。

(3)环绕:头正直,头颈部沿身体垂直轴向左(右)转动 360°。

3. 肩部动作

(1)提肩:两脚开立,单肩或双肩沿身体垂直轴尽量向上提起。

(2)沉肩:两脚开立,单肩或双肩沿身体垂直轴向下沉落。

(3)绕肩:两脚开立,单肩或双肩沿身体前、后、上、下四个方向绕动。

4. 上肢动作

（1）举：以肩关节为中心，手臂进行前举、后局、侧举、侧上举、侧下举、上举等活动。

（2）屈：肘做由弯曲到伸直或由伸直到弯曲的动作。

（3）绕、绕环：两臂或单臂以肩为轴做向内、外、前、后的弧线运动。

5. 躯干动作

（1）移胸：髋部固定，腰腹随胸部左右移动。

（2）含胸、挺胸：含胸时低头收腹，收肩，形成背弓，呼气；挺胸时，抬头挺胸，展肩，吸气。

（3）腰屈：腰部向前或向侧做拉伸运动。

（4）腰转：腰部带动身体沿垂直轴左右灵活转动。

（5）腰绕和环绕：结合手臂动作，腰部做弧线或圆周运动。

（6）顶髋：用力将髋顶出。

（7）提髋：两脚开立，髋向左上提、右上提。

（8）髋部绕和环绕：髋做弧线或圆周运动。

6. 下肢动作

（1）直立、开立：自然站立，双腿打开，脚间距同肩宽。

（2）点立：先直立，再伸出一条腿做点立或双腿提起做提踵立。

（3）弓步：自然站立，直立后，大步迈出一腿，做弓步屈的动作。

（4）踢：自然站立，双腿交换做各个方向的踢腿动作。

（5）弹：自然站立，双腿正弹腿和侧弹腿。

（6）跳：自然站立，做并腿跳、开并腿跳、踢腿跳等动作。

（二）广场舞

广场舞是现代人比较熟悉的健身形式，尤其受到中老年人的喜爱，广场舞的健身舞蹈元素多种多样，多结合流行曲目进行，一般来说，每个广场舞健身团体（自发或组建）都有领舞者，其他健身者在领舞者的带领下，跟随音乐完成一曲（一套）健身动作。

广场舞健身极大地丰富了城市居民健身生活，社会影响广泛，同时也引发大众对广场舞文明健身的讨论与思考，2017 年，国家体育总局出台了《关于进一步规范广场舞健身活动的通知》，近两年我国广场舞健身活动得到了进一步的规范，切实保证人民群众健身权利与城市社区和谐文明环境建设，是新时期开展和推广广场舞健身要做的重要工作。

第五章　广西少数民族地区传统体育研究

　　我国地大物博,少数民族众多,以广西壮族自治区为例,广西境内的少数民族主要有壮族、瑶族、苗族、回族、仡佬族、侗族、彝族等。这些少数民族都拥有特色鲜明的民族体育文化。随着现代社会的不断发展,这些富有民族特色的体育文化深深吸引着前来游玩的旅游爱好者,这对于宣传与弘扬少数民族传统体育文化,推动当地社会经济的发展都有重要的作用。

第一节　广西少数民族传统体育文化阐释

　　广西少数民族传统体育文化色彩非常浓厚,蕴含着丰富的文化内涵,对其进行深入细致的研究能极大地促进本地区少数民族传统体育乃至整个社会文化的发展。

一、广西少数民族传统体育文化学与社会学本质

　　对任何事物进行文化学与社会学的本质阐释都不是一件容易的事情,对广西少数民族传统体育的研究也是如此。目前,关于少数民族传统体育的研究成果并不是很多,并且现有的研究也存在着一定的局限性。

　　受历史因素的影响,我国各民族的文化个性主要以个体农业经济为基础,以宗教法家庭为背景,以儒家思想为核心,历经长期的发展逐渐形成了中华民族自然质朴,尚人伦、重情义的民族性格,这与世界其他民族的文化有着一定的差异。受此影响,广西少数民族传统体育也深深烙下了同样的文化品格和特征。另外,由于广西地区地理位置比较特殊,受地理环境的影响,这一地区

的少数民族又散发出独特鲜明的文化气质。

受地理位置和地域特色的影响,广西少数民族传统体育也呈现出别样的特色,这在一定程度上也反映出广西当地的政治经济形态,如瑶族地区的瑶老制,侗族、苗族的"款"制度等都蕴含着一定的封建种族制色彩。在这样的背景下,这一地区的人们的日常生活主要体现在以下几个方面:从事山地耕猎,住房依山而建;多习惯用背篓负载重物;头部装饰非常多见;流行史诗、山歌,爱情故事居多;具有一定的宗教信仰;体育风格刚健向上等。[①]

受广西少数民族传统风俗和历史传统的影响,广西少数民族传统体育也呈现出刚健质朴的特色,并且这一特色深深烙进人们心中,充分体现出广西人民自强不息的民族精神,从而催生出强大的民族体育文化效应。这充分体现出广西少数民族传统体育的本质特性。

二、广西少数民族传统体育文化的民族体育学本质

体育是人类追求身心全面发展的一种社会实践活动,它具有广泛的超越物质功利性的精神内涵,具有超越个体价值的社会学内涵,具有超越分散状态的系统性内涵,其基本的文化含义是以身体运动为基本手段,追求人身心的全面而和谐的发展。

民族传统体育可以说是长期流传在各民族间的以锻炼身心和娱乐为目的的各种活动。关于这一概念,学者熊志冲曾经在《传统体育与传统文化》(《体育文史》1989年第五期)一文中说:"中国传统体育是指在中华民族大地上历代产生并大多数流传至今和在古代历史长河中由外族传入并在我国生根发展的一切体育活动,传承性、习惯性和民族性是这类体育的重要特征。"体育文化是指关于人类体育运动的物质、制度、精神文化的总和,它的产生与发展是一个长期孕育演变的过程,更是一个长期积累、变异、冲突与交融的过程。广西各族人民在实践活动中,创造了多

---

① 蒋心萍.广西少数民族体育文化的本质内涵[J].体育科技,2004(1):3—6.

种多样的民族体育活动,这些活动都充分反映了当地及民族的特色,体现出广西各民族的精神风貌风骨,积淀了极其深厚的民族体育文化。[①]

广西少数民族众多,其中主要有壮族、侗族、毛南族、仫佬族、水族、瑶族、苗族、回族、京族、彝族等,每一个少数民族都呈现出不同的文化特色,这也使得不同民族的体育文化呈现出鲜明的个性。可以说少数民族传统体育就是利用各种身体练习来提高人的生物学和精神潜力的范畴、规律、制度和物质设施的总和。这一概念充分揭示出广西少数民族传统体育的民族体育学本质。

三、广西少数民族传统体育文化的特性

(一)地域性

各个民族的产生与发展都是一个不断变化的过程,都是在一定的时间和空间中进行的。从地域上来看,广西壮族自治区主要聚居于南宁、百色、河池、柳州等四个地区。据考古发现,这一地区的先民自占以来就生息繁衍于岭南地区。岭南地区属于亚热带气候,气候温暖湿润,日照时间长,雨量充沛,层峦叠嶂,在这种独特的时空内,历经长期的发展,广西少数民族创造出了独特而丰富的物质文化和精神文化,成为中华民族传统文化的重要组成部分。

总的来看,每一个民族都在其发展中创造除了带有本民族特色的文化,这些文化充分反映了本地区的地域特点,呈现出鲜明的地域特色。在不同的地域环境下,人们在体质方面呈现出较大的差异性。对于广西壮族自治区的人民而言,他们为适应当地的自然环境,逐渐形成了特有的体育方式。

广西壮族自治区,地形破碎,层峦叠嶂,在这样的自然条件下,野兽众多,对人们的生产和生活都构成了一定的威胁,因此狩

猎逐渐成为这一地区人们生存的重要手段之一,经过各个时期的演变与发展,狩猎活动中的"射箭"也逐渐演变成为一项体育运动,深受人们的欢迎和喜爱。另外,广西地区江河众多,"游泳""赛龙舟"等水上活动也深受人们的青睐,这些项目就是在这样的地域环境下逐渐产生并发展起来的,并一直延续至今。除此之外,武术活动在广西壮族人民中也十分流行,十八般武艺在这一地区广泛流传,社会上不乏众多的南拳高手,习武逐渐成为这一地区人们的一种习惯。

综上所述,深受广西地区人们欢迎和喜爱的众多民族体育运动受地域环境的影响呈现出鲜明的地域特色,因此说,地域性是广西少数民族传统体育的重要特性之一。

(二)民族性

广西壮族有着悠久的历史,经过长期的发展,这一地区逐渐形成了个性十足的民族体育文化。这些体育文化受到历史、宗教、民间习俗等各方面因素的影响,呈现出鲜明的民族特色。

据考古发现,广西壮族先民早在新石器时代就有了宗教信仰的萌芽。那时社会生产力非常低下,人们在日常生活中时常会遭受野兽的袭击,因此为了生存,人们逐渐产生了与大自然抗争与猛兽争斗的意识,同时还有获得神灵和祖先保佑的心理需要。因此,那时的人们经常举行各种祭祀活动,祈求神灵的保佑,宗教文化深深烙印在壮族人民的生活之中,这对于广西壮族自治区的少数民族传统体育文化也产生了深远的影响。

在古代,图腾崇拜、鬼魂崇拜和祖先崇拜等意识形态充斥于整个壮族社会。人们为了祈求生活安详,逐渐创造了各种驱鬼娱神的舞蹈,舞龙舞狮、龙舟竞渡活动就是在这样的背景下产生的。壮族的舞龙舞狮活动就起源于祈神祭祖的巫舞,随着时代的不断发展,这一活动与其他民族文化产生了更多的交流和融合,成为本地区重要的特色传统文化。

广西壮族人民能歌善舞,善于将各种娱乐、游戏和体育有机结合起来,创编了多种多样的民族体育活动。壮族民间有众多的节日,如祭祖节、牛魂节、尝新节等,在节日期间举行各种形式的民族体育活动成为一种传统,如"抛绣球"、抢花炮、舞龙、舞狮等传统活动就深受人们的喜爱。这些体育活动都呈现出鲜明的民族性特点。

(三)融合性

随着全球化一体化进程的不断加快,我国民族传统体育文化受到了一定的冲击,广西壮族传统体育文化的发展也不例外。处于全球化浪潮中,各个国家的民族文化都在汲取其他国家或民族的能量,相互融合,实现共同发展。在当今社会背景下,广西民族传统体育文化还存在着一些原始成分,与现代社会文化有着一定的差别,有时还会发生一定的冲突。尽管如此,世界文化的发展对于广西壮族体育文化的发展也是有利的,其发展也能被世界文化所认同,属于世界体育文化的重要内容。总得来看,体育文化具有一定的民族性和时代性,它是长期发展的产物,并不会被简单的替代,外来文化与之融合与发展,这就是少数民族传统体育的民族化过程。

广西有着悠久的历史,早在旧石器时代晚期,就有人类在此劳作生息。秦始皇统一岭南后,开凿灵渠,极大地促进了广西壮族与中原经济和文化的交流。悠久的壮族历史,这逐渐形成了广西壮族自治区人民独具特色的民族文化。广西独具特色的地域与文化环境,受到人们的赞誉和推崇。广西是我国少数民族重要的聚居区,也是重要的革命老区。借助重要的区位优势和丰富的体育资源,每年都会召开东盟博览会,通过这一盛会的举行,人们能很好地了解广西地区的特色民族体育文化。

广西少数民族传统体育具有明显的娱乐性和趣味性特点,并且文化底蕴深厚,能给人以美的享受。除此之外,广西少数民族传统体育还具有传播性强的特点,许多具有鲜明特色的体育项目一经传播能迅速发展起来,因此大部分体育项目都拥有雄厚的群众基础,这对于少数民族传统体育的发展是非常有利的。

一般来说,民族传统体育都具有鲜明的民族品格、呈现出独特的地域差异,能对人们产生极大的感召力。因此,借助广西少数民族地区丰富的旅游资源,广西人民创设了大量的风格独特的旅游产品,如他们将绣球文化、龙舟文化、铜鼓文化等项目结合起来向游客展现,能让人们在感受到自然风光的同时,领略当地独特的民俗风情,能使人获得美的感受。

当今社会背景下,全球一体化的进程逐步加快,这使得各国、各地区之间的体育文化交流越来越频繁。任何一个国家和民族的发展都不是封闭的,都需要与其他文化发生交流,包括经济、文化等诸多方面的交流与合作,而体育文化交流则是其中的一个重要途径和手段。正因为这种交流与合作,广西地区的少数民族传统体育才呈现出一定的融合性特点。

第二节　广西少数民族传统体育的多元功能

广西地区拥有独特的地理优势,本地区的少数民族传统体育也相应的呈现出独有的特色。不仅如此,广西少数民族传统体育还呈现出以下丰富的功能。

一、健身功能

少数民族传统体育是以身体活动方式进行的体育活动。人们在参加这一体育活动的过程中,不仅能增强体质,还能获得愉悦的心理感受,丰富自己的精神文化生活。广西少数民族有着悠久的历史,这一地区的人们在长期的劳动实践中逐渐养成了良好的锻炼意识与习惯,同时也创造出了大量的别具特色的锻炼手段,这些锻炼手段逐渐成为民族传统体育项目的雏形,如壮族的打磨秋、瑶族的打扁担、苗族的踢杆舞等,这些项目普遍具有显著的健身功效。经常参加这些运动,人们能有效发展体能,增进健康,获得身心的共同发展。

二、经济功能

随着我国经济水平的日益提升,市场组织与社会民间组织的发展越来越重要,影响力也不断提升。我国政府及地方各级行政部门理应看到这一趋势,加强当地的本土特色文化建设,大力发展当地经济,实现各方面的发展与完善。

广西自治区有着独特的区位优势,各种资源都非常丰富,这为广西少数民族地区的经济发展带来了良好的发展机遇,正如费孝通先生所指出:"西部蕴含有丰富的人文历史文化资源,对这些资源进行合理的开发利用,不仅可以促进文化的传承发展,而且会产生经济发展的联动效应。[①]

近些年来,广西省政府非常重视少数民族传统体育产业的发展,将民族传统体育与旅游产业相结合,促进了本民族地区传统体育的发展,提升了广西少数民族传统体育的影响力,促进了广西地区第三产业的发展,为本地区带来了丰厚的经济利益。由此可见,广西少数民族传统体育具有重要的促进社会经济发展的功能。

三、政治功能

文化是一个国家和民族的灵魂,集中体现了国家和民族的品格。党的十六届四中全会把不断提高社会主义先进文化能力的建设作为加强党的执政能力建设的一项重大课题。党的十七大报告更是从中华民族复兴的战略高度,肯定了文化软实力在综合国力竞争中的重要性。党的十九大报告同样也肯定了文化对于一个国家发展的重要性,由此可见文化的重要性。

在整个社会发展体系中,政治、经济、文化、社会是一个四位一体的发展框架,这几个方面相互制约、相互促进,共同发展。经济是政治、文化与社会发展的基础,政治与文化是上层建筑;政治

---

① 朱奇志.广西少数民族传统体育文化的社会功能[J].武汉体育学院学报,2012,46(3):34—37.

主导和支配文化,文化同样反作用于政治。一位哲人曾这样比喻"政治是骨骼,经济是血肉,文化是灵魂"。如果把社会引入到这个比喻中,我们认为社会其实就是有骨有肉有灵魂的整个身躯,这个身躯如果少了文化这一灵魂,那将是一个行尸走肉的身躯。这一比喻形象地说明了文化对人类社会发展所起的重要作用。

民族传统体育作为社会文化的重要内容,对于一个国家或地区政治的发展同样起着至关重要的作用。广西少数民族传统体育文化是各少数民族共同创造,由各民族的历史、政治、经济、文化等文化汇集而成,带有深厚的民族特色。因此,地方政府只有牢牢把握各区域的文化特征,加强各民族体育的文化融合与发展,更好地维护社会秩序,推动社会的发展和进步。①

四、教育功能

(一)建立和形成具有独特民族风格的学校体育教育

学校特色是指学校在某一范围内与同类学校相比自身所具有的独特的办学风格。在学校办学的过程中,应从自身具体实际出发,充分发挥本校的优势和传统,并适当地借鉴其他优秀学校的先进经验,形成自己独特的、鲜明的个性和风格。一般来说,少数民族地区的经济、文化和教育大都落后于发达地区,学校教学的设施、器材设备、师资队伍等条件无法与经济发达城市的学校相比,这是少数民族地区学校开展少数民族传统体育教学重要的制约因素。另外,在竞技体育运动方面,在少数民族地区开展竞技体育项目教学的活动很少,大多数学校的体育教学场馆也不标准,这严重影响着民族传统体育教学的开展。

因此,充分利用少数民族传统体育资源,树立独具特色的学校体育教育风格是推动少数民族传统体育发展的重要手段,应受到社会及学校各个方面的高度重视。

---

① 朱奇志. 广西少数民族传统体育文化的社会功能[J]. 武汉体育学院学报, 2012,46(3):34-37.

(二)实现个性化教育和满足学生的体育需求

每个人都是不同的,在各方面都有较大的个性差异,在这样的前提下,教育必须重视个性化,体现出个性化需求。就体育而言更是如此,每个人的身体素质、体育基础、体育态度、体育兴趣和锻炼习惯都是各不相同的,因此,少数民族传统体育教育在基本的统一要求的基础上,还要因人而异,因势利导,因材施教,从而促进全体学生的个性化发展。

我国广西少数民族传统体育项目众多,内容丰富,形式多样,这为少数民族传统体育教学的开展提供了便利。对实现个性化教育和满足学生对体育的多元化需求具有重要的现实意义。

(三)促进体育教师专业水平的提高

少数民族传统体育在学校中的开展,能给予体育教师丰富自己的专业知识和提高业务水平的机会。在少数民族传统体育教学中,体育教师可享有参与课程开发与决策的权利,这能增强体育教师的责任感和义务感。当然,体育课程开发是一项具有创造性的工作,存在着多方面的困难,因此需要教师深入地认识和研究课程、研究学生、探索社会,并勇于创新、突破陈旧的体育教学模式;对少数民族传统体育资源进行加工改造和整合,这对于体育教师的个性化思维能力和创新能力的培养都是一个极大的帮助。

(四)弘扬和发展优秀的民族传统体育文化

少数民族传统体育能否在学校体育教学中获得良好的发展对于广西民族传统体育的弘扬与发展具有重要的影响。一直以来,高校都是文化的发源地和传承地,是先进文化的重要阵地。很多现代体育项目的开展都是从高校开始的。因此,挖掘与创新少数民族传统体育项目,将其引入到大学体育教材中,能促进民族传统体育与现代体育的互补,能帮助高校学生更好地认识和了解我国的民族传统体育文化,促进少数民族传统体育文化的传承与发展。另外,大学生在校期间学到的民族体育技能,能使其成为民族文化的继承者和传播人,这对于少数民族传统体育文化的弘扬与传播具有重要的意义。

通过在学校中开展少数民族传统体育,能体现积极进取、奋发向上、团结合作等传统文化精神,这对于学生提高自身的运动能力,增强学生对中国民族传统体育文化的理解力具有重要的作用,还能更好地促进我国少数民族传统体育的传承与发展。除此之外,加强少数民族传统体育教学,还有助于全面理解和深刻贯彻我国体育教育的方针,弘扬民族文化精神,促进民族文化发展。

除此之外,少数民族传统体育教学还可以增进不同区域民族的团结、增强多民族大家庭的凝聚力。大学生通过参与少数民族传统体育的教学与训练,不仅能极大地提高自己的身体素质,同时还能为少数民族地区的经济发展提供重要的帮助。同时,发挥体育教学中少数民族传统体育特有的教育作用,可以展现学生良好的精神面貌,弘扬少数民族传统体育的文化精神。

五、传承功能

在全球一体化快速发展的今天,各地域民族文化面临着诸多的机遇和挑战。一方面民族文化可以吸收其他文化的精髓,不断完善与发展自己;另一方面,各民族文化同样也会被其他外来文化所同化,导致式微。对于广西少数民族传统体育文化而言,广西少数民族体育文化具有自身的独特性,与其他文化的结合能实现双赢,能在很大程度上促进民族文化的传承与发展。

广西自治区地理位置独特,境内有着丰富的体育资源,体育文化色彩非常浓厚。改革开放以来,广西壮族自治区政府还举办了多届少数民族传统体育运动会,这也为广大少数民族提供了一个很好的展示自己民族文化的舞台,各民族参赛代表在比赛中你争我夺,不仅增加了本民族的文化自豪感,同时也促进了各民族间的相互交流与团结,促进了民族传统体育文化的弘扬与发展。

以侗族自治县的抢花炮为例,这一活动每年都会在固定的时间举行,通过少数民族传统体育运动会的开展,制定了相对健全的比赛规则,这逐渐被人们所接受并继续传承下去。由此可见,广西少数民族传统体育还具有重要的传承功能。

六、娱乐功能

广西少数民族传统体育项目有着丰富的文化内涵,对人们具有强大的吸引力,之所以如此,与其本身具有的娱乐特性是分不开的。这一地区的人们非常热爱参加传统体育活动,通过参加各种形式的民族体育活动,人们不仅增强了体质,还能获得愉悦的心理感受,能使人精神饱满,从而以积极的心态投入到学习、工作和生活之中。

对于生活在偏远地区的广西少数民族而言,这些民族传统体育项目成为他们主要的休闲与娱乐方式。如彝族的跳乐、苗族的吹枪等深受各民族的欢迎和喜爱,在余暇时间人们经常参加这些活动,促进了身心的共同发展。总得来说,广西少数民族传统体育以其生动活泼、富有娱乐色彩的风格赢得了人们的广泛喜爱和重视。随着少数民族传统体育项目的进一步普及,这些项目的趣味性和娱乐性更加突出。其自身的娱乐功能也越来越显著。

第三节　广西少数民族传统体育活动开展的现状

一、壮族传统体育现状

壮族是我国人口最多的少数民族,在广西地区,壮族也是人口最多的一个民族。可以说我国绝大多数的壮族人口都集中在广西地区。壮族是以水稻著称的农耕民族,分布地区比较广泛,城镇和农村,平原和山区都有壮族人民的身影。受此影响,壮族传统体育项目也非常多,如赛龙舟、抢花炮、珍珠球、踢毽子等都是壮族重要的体育项目。除此之外,在节日期间也会举行各种各样的表演项目,如抛绣球、打陀螺、踩高跷、打磨秋、打手毽、跳花灯、打榔等,这些项目都深受广大人民群众的欢迎和喜爱。其中抛绣球是广西壮族人民在每年"春节""三月三"等节日中广泛开展的一项传统体育活动,并被列为第 5 届全国少数民族体育运动会正式比赛项目。另外,赛龙舟、抢花炮、珍珠球、打陀螺等也是非常重要的民族传统体育项目,深受人们的欢迎和喜爱。

二、瑶族、苗族传统体育现状

瑶族也有着悠久的历史,在广西,瑶族人口约占全国瑶族人口的 2/3。瑶族是一个典型的山居民族,主要分布在广西的金秀、巴马、大化和恭城,沿袭祖先的传统,绝大部分居住在山区,其民族传统体育运动具有鲜明的舞蹈特征,如长鼓舞、铜鼓舞、剑舞、棍棒舞、打扁担、跳皮筋等。其中长鼓舞深受瑶族人民的喜爱,每逢节日期间,瑶族人民都会组成花鼓队,到附近汉、壮地区去向各族兄弟贺年。[①] 这充分体现出瑶族地区少数民族的体育特色。

苗族也有着悠久的历史,在广西,苗族人口大约有 45 万,他们大多居住在山区,芦笙与苗族有着非常密切的关系,如飞刀砍旗、吹芦笙踩堂等都与芦笙密不可分。除此之外,每年节日期间还会举办各种活动,如舞狮、赛马、斗鸟、摔跤等。这些项目都深受广西当地人民群众的欢迎和喜爱,尤其是在全民健身理念日益深入的今天,这些民族体育项目都成为人们体育健身的重要手段。

三、毛南族、回族传统体育现状

毛南族也是广西地区的一个少数民族,从全国来看,毛南族人口并不多,仅仅有 7 万多,广西是其重要的聚居地。他们的居

---

① 李荣娟. 广西少数民族传统体育现状及其价值分析[J]. 韶关学院学报,2010,31(6):95—98.

住地大部分在大山中,体育项目主要有顶竹杆、同拼、同背等。这些项目都不需要多大的场地,器材装备也比较简单,另外,舞龙、舞狮等活动也时常出现在毛南族的重大节日中。

回族在广西人口仅仅有 3 万多人,他们大多居住在桂林、柳州、南宁、永福、百色等地。由于这些地区有着良好的区位优势,因此他们的农业生产水平还是比较高的。回族长久以来保持着自己本民族的生活特征,其传统体育项目主要有摔跤、武术、查拳等。这几个项目都成为我国重要的民族传统体育项目,甚至在国际上都有着一定的影响力。

四、侗族、仫佬族传统体育现状

在广西,侗族大约有 31 万人口,他们主要聚居在桂北一带,这一地区主要以高山和丘陵为主,高山峰峦起伏,形成了许多峡谷。侗族人民能歌善舞,因此出现了众多的以舞蹈为主题的体育活动,如芦笙舞、耶堂舞、矛盾舞、刀剑舞、矛枪等,这些舞蹈对人的要求较高,没有高超的技艺是难以完成这些动作的。也有以各种体育活动为节日的,如正月十五"斗牛节"、三月初三"花炮节"等,其中抢花炮最为出名,深受侗族人民的欢迎和喜爱。抢花炮的过程非常激烈,其被称为"东方橄榄球",激烈程度可见一斑。伴随着体育运动的发展,抢花炮这一别具特色且具有较强竞争性的民族体育运动项目被列为全国少数民族传统体育运动会的正式比赛项目。

广西境内仫佬族的人口大约有 16 万,占全国仫佬族族人口的 80%,其中大部分居住在广西北部的罗城仫佬族自治县,另外还有少数散居在宜州、都安、融水、忻城、河池等地,他们生活的地区属于石山地带,层峦叠嶂、山峰如林,不便于农田灌溉,交通也不便利,受此影响,民间体育和民间游艺的界限非常模糊,二者相互促进、相互影响,舞狮、舞龙、舞草龙、象步虎掌等都是这样一种项目。其中象步虎掌受场地和器材的限制较小,具有很强的健身性和娱乐性,仫佬族人民非常热衷于这项运动,后来这项运动成为广西少数民族运动会的重要参赛项目。

五、京族、彝族传统体育现状

京族是我国一个人数相对较少的少数民族,主要聚居在广西壮族自治区防城市的漓尾、巫头、山心三个小岛及恒望、潭吉等地区。这些地区大多属于沿海地区,因此人们所参加的传统体育活动与渔业有着极为密切的关系。如跳天灯、捉活鸭、顶竿、花棍舞、顶头等。其中,"顶头"和"花棍舞"最受这一地区人们的欢迎,每逢节日期间经常会看到人们参加这些活动的身影。

在广西境内,彝族人口不到 1 万人,主要分布在百色的隆林、那坡、西林、田林等地区,受自然环境和历史因素的影响,这一地区的彝族人民普遍拥有勤劳、勇敢、朴实的优良品质。他们所参加的传统体育活动也独具特色,如打陀螺、打磨秋,现在这两个项目都成为全国少数民族传统体育运动会的比赛项目。另外还有跳葫芦笙、徒手角力,提线转盘活动,都体现出了彝族人民朴实、勇敢、顽强的性格和品质。[①]

六、水族、仡佬族传统体育现状

据调查,广西境内的水族大约有 1 万人口,主要分布在融水、宜州、环江、河池等地,这些地区大多属于山陵,人们所参加的传统体育项目主要以舞蹈为主,如桐子镖、斗角舞、铜鼓舞、芦笙舞等。通过这些舞蹈性的体育活动,人们能抒发自己的感情,增强自身的体质,其中"桐子镖"成为全国民运会的重要表演项目,其观赏性较强,深受人们的欢迎和喜爱。

在广西境内所有的少数民族中,仡佬族人数最少,大约有 3 千人,主要居住在广西的隆林县,这一地区崇山峻岭,峰峦林立,受此影响,仡佬族人民参加的体育项目主要有打秋千、踢毽子、吹笛、斗牛等。其中,打秋千最受仡佬族人民群众的喜爱,每逢节日

---

① 李荣娟. 广西少数民族传统体育现状及其价值分析[J]. 韶关学院学报,2010,31(6):95—98.

期间,人们聚集在一起参加打秋千这一活动,身心都能得到愉悦与发展。

第四节　广西少数民族传统体育 运动会的调查与分析

广西少数民族传统体育运动会是广西当地各少数民族的一次盛大的集会,通过参加这一盛会,不仅提升了城市形象,促进了全民健身的发展,而且还能推动我国整个少数民族传统体育的进一步发展。

一、少数民族传统体育运动会发展的意义

(一)树立城市新形象,提高城市知名度

在现代社会背景下,社会各个层面都获得了快速的发展,对于某个地区而言,要想推动当地经济的发展,提高城市的知名度,就必须要营造良好的契机,充分利用各种活动或事件来为本城市做好宣传。而承办运动会就成为这样一种重要的手段和途径。运动会不仅能吸引全国各地的人民前来参与,还能增进各地区之间的交流,将良好的城市形象展示给全国各族人民。

广西少数民族传统体育运动会的举办就满足了人们的这一需求,在运动会举办期间,全国各媒体参与其中,将整个城市形象展示给广大观众,极大地提高了城市知名度。这对于当地城市的可持续发展而言具有深远的影响和意义。

(二)少数民族运动会将发挥其特有的文化整合功能

大量的事实表明,体育具有重要的文化整合功能,同样的少数民族传统体育运动会也具有这一功能。广西少数民族传统体育运动会的举办,就是在政府部门的统一部署下,各部门和人员互相协作,共同努力,促进广西地区民族传统体育以及地区经济

的发展。

体育活动能在一定程度上满足人们运动、情感、思想等的需求,促进人的身心健康发展。广西地区通过少数民族传统体育运动会的举办能促进整个地区人与人之间的交往,增强人与人之间的联系,这对于当地社会的安定与团结具有重要的意义。在少数民族传统体育运动会举办期间,通过媒体的报道,人们不仅能了解举办城市的发展,提高城市的知名度,还会关注体育健儿的发挥,激发拼搏意识,促进城市社会文明的进步与发展。

(三)推进市政建设,加速现代化文明城市的进程

在现代社会背景下,体育运动在社会中的角色越来越重要,城市体育设施是否健全和完备,能否适应现代化体育运动发展的需要,能否满足人民群众日益增长的文化需要,体育设施建筑风格是否体现本民族、本地区的文化特色,已成为衡量一个国家、一个城市社会文明发展的重要标志。

我国广西少数民族地区有着丰富的体育资源,举办少数民族运动会的条件比较充足。为举办少数民族运动会,当地政府需要兴建一系列体育场馆,并购置大量的体育设施和设备,同时还要加强市政基础设施建设。广西少数民族传统体育运动会是一项区域性体育赛事,来自全国各地的人们欢聚一堂,前来参加盛会。为保障这一盛会的顺利进行,需要做好各方面的准备,如建立航空港、电信网络,建立良好的城市交通程控系统等,为赛事参与人员提供良好的保障。少数民族体育运动会在我国有着特殊的意义,中央及地方电视台会对其赛事进行转播,保证全国各地人民都能收看到这一赛事。为实现这一目标,必须要建立一套完善的邮电通信系统和电视转播系统,并拥有专业的转播技术骨干人员。除此之外,广西省政府还要在公共卫生、环境保护、园林建设等方面加大投入力度,加强城市文明建设,促进社会经济的发展。

(四)促进全民健身运动的开展,提高广西少数民族体育水平

随着现代社会的快速发展,全民健身的理念也日益深入人

心。在这样的背景下,群众体育成为我们工作的重点。在市场经济条件下,国际市场之间的竞争越来越激烈,这对这会各方面的人才提出了越来越高的要求。社会的发展要求劳动者必须具备出色的综合素质,这突出表现在思想道德、文化素质、身心健康等方面,其中身体是其他素质的基础,扮演着非常重要的角色。因此,借助广西少数民族传统体育运动会的契机,大力发展体育运动,对于促进人们身体素质水平的提高具有重要的意义。在普及群众体育的基础上,要努力提高广西少数民族的体育运动水平。使广西少数民族传统体育真正起到"名片"的作用。广西人民要抓住举办少数民族传统体育运动会的有利时机,充分调动各方面的积极性,努力提高少数民族传统体育运动水平。

二、广西少数民族传统体育运动会的现状

发展至今,广西少数民族传统体育运动会已举办了14届,同时广西还组织代表团参加了9届全国少数民族运动会,取得了一定的成绩,积累了宝贵的经验,但需要注意的是,目前仍然存在不少问题,需要引起各方面的重视。

(一)专项经费投入不足且逐年下降

据统计,在已经举办的14届广西民运会中,广西少数民族自治区安排的专项资金到位情况均停留在200万～300万元之间,而且呈下降趋势。如参加第8届(广州市承办)全国民运会的广西代表团经费总额为200万元,参加第9届(贵州省承办)的经费总额降至150万元;广西举办的第11届(河池市承办)民运会经费总额为300万元,第12届玉林市承办)经费总额降为200万元据了解,参加第9届全国民运会的部分省、市、自治区所投入的经费均比广西高,少的600万,多的1 800万。与其他省区相比,广西省参加民运会的人数多,参加比赛项目多,但训练时间却很短,投入也相对较少,这在很大程度上影响到广西少数民族体育运动水平的发展和提高。

总体上来看,参加广西少数民族传统体育运动会的运动员不仅奖金额度低,而且没有相对稳定的奖励机制,具有较大的随意性,这种状况如果长期得不到解决,就会影响运动员积极性的发挥,部分项目甚至可能出现弃赛的局面。① 这对于广西少数民族体育运动会品牌的建设及广西体育运动水平的提升都是十分不利的。

(二)少数民族体育人才流失严重

为了提高本省运动会的比赛成绩,一些省市采取一些引进人才手段吸引了大量的广西教练员、运动员代表其参加比赛,在这样的情况下,广西一些优势项目,如打陀螺、珍珠球、板鞋竞速的领先地位被打破,体育运动水平出现下降趋势。

(三)正常训练经费不足,影响竞技水平提高

为促进广西少数民族传统体育运动水平的提升,广西先后建立了毽球、射弩、抢花炮、打陀螺、珍珠球等训练基地,但由于缺乏后续的资金,导致训练基地的维护不利,大多不能正常训练。在这样的情况下,教练员与运动员无法开展训练工作,这严重影响到运动员运动水平的提升,不利于广西少数民族传统体育运动的发展。

(四)民族体育项目的挖掘和整理工作进展缓慢

发展到现在,广西各地的民族传统体育人才日趋稀少,各类传统体育活动的规模小,参与人数少,有一些民族体育项目甚至面临着灭绝的风险。这与民族和体育工作部门各项工作的不到位有着密切相关的关系。总的来看,广西少数民族体育项目的挖掘、整理工作严重滞后,非常不利于本地区少数民族体育运动的发展。

---

① 韦光辉,蒙玉祝,刘朝猛. 广西少数民族传统体育运动会调查研究[J]. 体育文化导刊,2014(2):16—18.

(五)地方政府投入不足,组织开展民族传统体育活动的措施不力

目前,以广西市政府名义举办的民族传统体育运动会仅有南宁、柳州、桂林等市,除此之外,还有一部分市、县(区)和学校自发开展民族体育活动。大多数地区都没有充足的资金举办民族体育运动会,更有甚者,有些地区因为资金的欠缺而无法参加民族体育运动会的选拔赛活动,这对于广西少数民族体育运动会的发展是十分不利的。

三、广西少数民族传统体育运动会的发展趋势

(一)赛制不断完善

随着体育运动的不断发展,广西少数民族传统体育运动会的参赛人数越来越多,项目也越来越多,在这样的情况下,各类项目的竞赛规则就需要不断完善。广西少数民族传统体育运动会赛制的完善首先体现在对竞赛项目的命名上,譬如高脚竞速的命名源自比较通俗的高脚马、板鞋竞速,比三人穿板鞋竞速更加的简洁。[①] 其次是项目的具体规则,要能体现公平、公正、公开,譬如武术是一项评分的体育运动项目,为了保证评分的公正性,尽可能地摒除裁判的主观因素,赛会专门制定特殊的评分标准,如采取去掉一个最高分、一个最低分后,综合平均分的国际体操比赛的打分模式,这一评判比赛的形式相对客观,具有一定的说服力。

(二)规模和赛事影响力逐步扩大

从近几届广西少数民族传统体育运动会来看,赛事规模空前,参赛人数众多,竞赛项目也比以往有了明显的增加,每一个比赛项目根据不同的级别评出一、二、三等奖,这种做法极大地扩大了赛事规模和影响力。在这样的情况下,各地方电视台及相关媒

---

① 刘其龙. 广西少数民族传统体育运动会可持续发展研究[J]. 搏击(武术科学),2012,9(6):91-93.

体加大了对广西少数民族体育运动会的报道,使得这项项赛事的影响力日益扩大。

(三)观赏性与商业化同步发展

广西少数民族众多,是不同少数民族的聚居地,每一个民族都有自身独特的生活习惯,因此少数民族体育活动也都蕴涵着独具特色的民族文化,这些少数民族传统体育文化深深吸引着人们的目光。随着社会经济的不断发展,第三产业在国民生产总值中的比重越来越大,这为民族特色文化迎来了发展的大好时机。

少数民族传统体育运动会除完成比赛,为人们提供视觉大餐,满足精神需求外,还扮演着"体育搭台,经济唱戏"的重要角色,譬如第9届广西少数民族传统体育运动会的主办方贵港市就利用该项赛事成功举办了规模宏大的商品展销暨经贸洽谈会,商品展销和项目合作资金总额达到数亿元。由此可见,比赛的精彩技能在很大程度上提升赛事的知名度,从而吸引各大商家的眼球,成为赛事的赞助商,这对于少数民族传统体育运动会的发展具有深远的影响和意义。

四、广西少数民族传统体育运动会发展的对策

为促进广西少数民族传统体育运动会的发展,必须要结合城市的发展状况制定一个合理的规划,具体而言,可以采取以下对策。

(一)政府应进一步提高对民运会的重视程度

广西是全国少数民族人口最多的自治区,一般来说每一个民族都有独特而鲜明的传统文化,也有能力承办少数民族传统体育运动会。广西省曾经承办过第4届全国少数民族传统体育运动会,并取得了成功。在举办比赛期间,广西政府高度重视,为筹备各项活动做了最大的努力,最终获得了圆满的成功。由此可见,广西少数民族传统体育运动会的举办离不开政府的大力支持,在

今后举办少数民族运动会时也要高度重视,加强各方面的建设力度。

(二)增加民族传统体育运动会专项资金投入

近些年来,为促进广西少数民族传统体育的发展,广西各省区加大了运动会专项资金的投入力度,不仅表现在办会经费方面,还表现在训练经费方面,这能为少数民族体育运动会的举办提供良好的资金保障。

(三)理顺资金管理关系,实现工作计划与经费预算相衔接

据调查发现,北京、内蒙、广东等全国 14 个省、市、自治区的少数民族传统体育项目专项经费基本由民族工作部门负责管理使用,而广西则比较独特,归属于体育局管理,鉴于自治区体育局目前所管理的奥运会、亚运会、全运会、城运会、农运会等活动基本涵盖了全部大型运动会,因此,它对民族体育运动会投入的时间、精力和资金毕竟有限,这也是广西民族体育运动会成绩越来越差的原因之一,建议向其他省区市学习,理顺资金管理关系。①

(四)政府主导、社会参与,积极更新和调整传统观念

在少数民族传统体育发展的过程中,还要加强以政府主导的管理,革新与调整整个体育训练的理念。

第一,坚持政府主导、社会参与的原则,行政部门把握导向,制定与少数民族传统体育运动会发展相关的政策和法规,设立专门的少数民族传统体育机构,充分调动人民群众参与运动的积极性。

第二,解放思想,大胆改革,引入与现代市场经济发展相符的经营理念,建立一个促进少数民族体育运动会发展的模式。

---

① 韦光辉,蒙玉祝,刘朝猛.广西少数民族传统体育运动会调查研究[J].体育文化导刊,2014(2):16-18.

　　第三,实施奖罚政策,对具有突出贡献的个人和单位进行物质奖励或精神奖励,要有类似于现代体育项目同样规格的奖励措施,以为他们提供重要的动力,除此之外,还要为他们提供必要的招工、就业等优惠政策,从而实现最大效益,获得可持续发展。

第六章 "健康中国"视阈下广西少数民族群众体育健身行为与活动组织研究

我国广西地区历来是众多少数民族聚居的地区,自然也就成为我国少数民族传统体育项目众多和发展较好的地区。在如今"健康中国"的视阈下,对广西少数民族群众体育行为和活动组织进行研究就显得很有意义。

第一节 广西少数民族群众体育健身行为分析

对广西少数民族群众体育健身行为的分析要从心理层面入手。具体来说就是群众的运动动机以及人们对群众体育活动的认知程度。

一、运动动机的培养与激发

(一)通过各种方式来提高体育成就动机

成就动机之于其他形式的动机来说属于一种较高级的社会性动机,它是指个体积极主动地从事自认为重要或有价值的活动,并力求竭尽全力达到预期目的的心理倾向,它产生于成就需要以及在社会交往中获得的内在推动力量。

(二)充分重视各种需要,并将其充分利用起来

对人的运动动机的培养,其途径主要为:提升活动的趣味性、启发性,满足人们的运动归属心理,让人们认识到运动的重要性等。

(三)适当展开竞争,并且积极组织合作

竞争的形式形式多种多样,根据参与竞争的人数可分为自我竞争、个体竞争和团体竞争,每种竞争都拥有各自的形式特点,为此要注意对合作与竞争方法的相互补充与合理运用。例如,如果是在小组合作活动基础之上展开的中等程度的竞争活动,只有将适度的小组合作与竞争相结合,才更容易发挥小组中个体的作用,如此也更能发挥个体对活动的参与积极性及创造性。

为保证竞争对体育活动参与动机的培养作用,并且尽可能地避免消极后果给人带来的影响,就需要特别注意以下几个方面事宜。

第一,在安排竞争内容和形式时要注意确保多样化。

第二,多以团体竞争的活动形式为主。

第三,竞争活动的安排要适时适量。

第四,个体间竞争活动要以水平为依据分组。

第五,提醒个体在竞争中注意发挥和展示能力,防止骄傲情绪和自卑心理的出现。

(四)及时将结果反馈出来,并给予积极肯定的评价

群众在参加体育活动时会呈现出许多反馈,社会性评价就是其中最直观的一种,如群众在参加某项体育活动时表现出了出色的能力和状态并得到了他人的表扬和赞许。此外,还有象征性评价、客观性评价、标准性评价等评价形式。[①] 对群众进行这类评价时,要注意以他们的年龄和职业等作为科学选择和运用相应反馈形式的依据。

对那些长期系统参加体育活动且有一定成绩追求的运动者来说,提供给他们的评价最好是运动指导者给予他们的进步或退步表述。明确的表扬和批评都能对运动者的进步和努力方向予

---

① 陈圣平,高永三,陈作松. 体育运动心理学原理与应用[M]. 厦门:厦门大学出版社,2011.

以确定,但在实施过程中要注意以下几点要求。

第一,以表扬为主,注意发现每一个值得表扬的点。

第二,表扬与批评的选择要以适合运动者个人特点为准。

第三,准确把握表扬或批评的重点,做到"对事不对人"。

第四,树立个体评价标准,培养他们正确认识自己进步的能力。

第五,要了解个体对教练员、教师的表扬和批评的理解与评估。

第六,表扬要公开,批评要私下。

二、群众健身对两类重点人群认知功能的影响

(一)对儿童、青少年认知功能的影响

对于人的认知发展来说,都是要经历一个从简单到复杂、从低级到高级过程。而儿童和青少年时期是一个人在认知能力发展之中的关键时期。如果人在这一时期内的认知能力得到了良好的培养,那么认知能力的增长是非常快的,错过这个关键期,则认知能力的提升就会受到限制。在这个阶段,人体多方面系统功能发育迅速,且这一时期经历的社会实践活动也是对认知发展的重要促进方式。群众体育就是众多社会实践活动中的一种,如果能让儿童和青少年群体在重要的身心发育阶段中多多参与群众体育活动,对于提升他们的认知能力也是最为恰当的方式。

群众健身是一种带有体现参与者主动性心态的活动。当群众参与到健身活动过后,基本上身体的多种感官都被调动了起来,并且与认知能力相关的感知觉、记忆、思维、表象与想象等能力也被利用了起来。如此一来,运动者个人不仅能通过听觉、视觉来感知动作,还可以通过触觉和其他感觉来感知动作的要领及动作更深层次的规律及其与时空间的关系,如此就可以将一个动作表现更彻底的建立起来。由此可见,经常参加群众健身活动的

人的神经中枢系统会得到更多的锻炼,从而改善大脑皮层神经系统的均衡性和准确性,对人体感知能力的发展起到积极的促进作用。此外,这一优势还在于使人体的时间、空间和运动感知等方面的能力得到发展,就是能使本体的听觉、感觉、触觉、速度感等更为准确。

下面分别就几种认知能力与群众体育健身的关系问题进行阐述。

1. 群众健身与感知觉的关系

对于感觉的理解,可以认为其是人对事物个别属性和特性的整体认识,它是一切高级的、复杂的心理现象的基础。知觉则是对事物及其相互关系的整体认识。感觉与知觉之间有着紧密的联系,而感知觉能力的发展对于形成人的发展记忆、思维、想象具有非常重要的意义,并且感知觉也是人们发生情感和采取意志行动的条件之一。

群众体育和感知觉之间的关系可以从以下两个方面阐述。

一方面,感知觉的发展依赖包括群众体育在内的各类体育运动形式。原因在于群众体育活动首先是以人的生理和心理发展规律为主要依据的;其次,群众体育活动中的各种项目对多方面感知觉都能起到积极的促进作用,而对于人的认知能力发展最为重要的视觉、听觉、触觉以及时空间知觉等都能在运动中分别得到锻炼。

另一方面,感知觉的能力反过来还有利于运动者参加群众体育活动的状态。也就是说,当一个人拥有良好的感知觉能力,则其在体育活动中不论是学习技术还是理解战术,以及在实践中的综合表现都会相对更出色,如此也容易从运动中获得良好的身心体验。

2. 群众健身与注意力的关系

注意力的发展是有一个必然规律的,这个规律简单来说就是要经历一个从无意注意到有意注意的过程。群众体育健身活动中的体育运动类型众多,但不论是哪种运动,都会对运动者的技巧、身体素质、空间时间感知有一定的要求,要想练就出这些能力,必须需要注意力的参与。由此可见,多多参与群众健身运动对人的注意力发展有着非常良好的促进作用。

不同的运动强度和运动项目对运动者的注意力会产生不同的影响。有研究显示,对中小学阶段的学生来说,小强度的运动项目对发展其注意力的效果是最佳的,而中强度的运动则对他们的身体发展最好,大强度运动虽然也能对注意力的提升起到效果,但如果长期处于大强度运动中,则时间越长对注意力的提升效果就越低,而如果是中小强度的运动则可以一直保持良好的注意力提升效果。在众多运动项目中,乒乓球、羽毛球、网球运动的对提升运动者的注意转移能力效果最佳。

3. 群众健身与记忆的关系

经常参加群众健身运动对运动者的记忆能力可以起到良好的促进作用。对记忆力促进作用的原因在于经常参与群众健身活动是一种对神经系统功能改善的良好的方式。具体说来,通过运动可以增强人的大脑皮层兴奋性,使兴奋和抑制系统更加平衡,并且对神经过程的灵活性以及大脑的思维能力也是有所改善和提高的。此外,运动还能使中枢神经系统对身体内部器官起到良好的调节作用。还有一点值得关注的是,群众健身活动还能对个体工作记忆的加工起到积极的促进作用。简单说来就是运动可以增强大脑处理信息的能力,改善人的长时记忆。举个例子,如学生在参加考试前参与适度的健身活动然后再学习,会发现其解决问题的速度会更快一些,头脑的灵活度也更好一些。当然,这种例子数不胜数,有观点认为这种现象背后的机制位大脑在工作时需要血液输送大量的氧气和葡萄糖,这会使人的心脏功能加强,每搏输出量增加,使大脑得到了更多的氧气,自然其精神就会稍微"亢奋"一些。

4. 群众健身与思维的关系

群众健身活动非常需要运动者思维的高度参与。在众多群众体育活动项目中包含着大量技术、战术方面的内容,其中不乏很多较为复杂的技战术。要想将这些运动元素全面掌握并在适时的时机中运用出来,必然需要体能与思维的结合才行。如此就注定群众体育活动是一项需要运动者思维积极参与的活动。反过来,群众体育活动也能对思维品质的改善起到积极的促进作用,以运动者参加的对抗性项目为例,在运动中,运动者须随时根据运动场上局面作出快速反应,选择出最优应对方案,经常做出这种思维活动的人必然能够提升发散思维的流畅性和变通性。

(二)对老年人认知功能的影响

从人体的生长发育规律中可知,老年人的身体状况已经处于衰退阶段。在这一阶段中,除了生理上的状态下滑外,认知功能也会出现不同程度的衰退,其中执行功能作为认知功能的重要组成部分,成为当前心理学研究的重点问题。很大程度上,人的执行功能是解决问题,特别是解决一些复杂问题时高级认知功能,它的状态如何关乎人的一生的发展。不过在研究领域中,由于其内涵复杂且涉及其他高级认知能力,因此在概念的确定上还尚未形成统一的认识。不过,基本可以认定其是一种个体在实现某一特定目标时采取灵活优化方式,来计划、排序、监控目标指向性行为的认知技能。执行功能包含工作记忆、抑制控制以及认知转换三个方面的子功能。

人们在日常生活中很多行为的完成都依赖于执行功能。对于老年人来说,随着他们年龄的增加,身体各方面技能的下滑,也连带着他们的执行功能逐渐衰退。其最明显的表现就是老年人的反应速度、抑制功能、认知转换能力等都开始变弱。为此,就需要着手对老年人认知功能衰退的情况予以减缓,同时采取一些方法提高他们的执行功能。民族体育健身运动就是一项对老年人认知功能有着积极促进效果的形式,它的优势有如下几点。

1. 有氧运动对于老年人执行功能的改善有所帮助

机体在运动中会与外界环境有更多的气体交换,在交换中体内外对氧气的需求和供给是重要保持平衡状态。只有当运动强度处于中小水平时,有氧代谢才占据主导地位,这就是有氧运动。

如果长期坚持参加有足够强度、频率和持续时间的有氧健身活动,则可以提升中老年人的有氧适能。与此同时,有氧健身运动还能够激活许多有利代谢的调适能力,如机体对血糖的控制能力以及增加清除饭后脂质的能力等。

心理学研究者也是基于此得以确认有氧健身运动对老年人的记忆力、注意力、反应时间等认知功能是可以带来积极影响的。具体分析为不论老年人参与哪种有氧运动都会获得积极功效,且运动对老年人的认知能力带来的影响基本一致,有差异的地方只是在于由不同项目引发的老年人心理层面的不同影响。例如,游泳、慢跑、健身走等项目对老年人的执行功能提高有明显效果,而传统气功、太极拳等项目则对老年人的情绪状态调整有明显效果。

2. 阻力锻炼影响着老年人的认知活动

阻力锻炼是针对肌肉活动方式而说的,属于一种运动模式,它更多是以力量锻炼的形式出现。事实上,老年人是可以参加一些适量的力量锻炼的,这对于维持他们的肌肉力量,延缓力量衰退速度大有帮助。常见的阻力锻炼项目有:抵抗地心引力的伏地挺身或使用哑铃的抬举运动等。而对于阻力锻炼是否对老年人认知功能产生积极影响尚有争议,但大量的实践研究表明,不同强度的阻力锻炼对老年人的执行功能会带来影响，如中高强度的阻力锻炼会对老年人的认知功能起到良好的维持作用，并且这种锻炼还能提高老年人的记忆力。

3. 身心锻炼影响着老年人的认知功能

群众体育是一种能够使身和心都得到锻炼的健康活动，这也是群众参与体育运动妄图获得的健身效益。在体育活动中，运动者往往需要在身体活动的同时还要保持高度集中的注意力以及对呼吸的控制，从而从这一层面提升自身的认知功能。能够达到这种健身效果的典型项目有太极拳和瑜伽等。

（1）太极拳对老年人认知功能的影响

太极拳是我国传统体育武术项目中的代表，在武术中属于内家拳。太极拳的运动特点为运动量可控，动作轻柔圆活、舒展连贯。鉴于太极拳的这些特点使得其成为了老少皆宜的健身锻炼项目。在练习时，要求运动者始终保持心静体松、全神贯注的状态，在练习时除了要规范动作外，还要注意将动作、呼吸和意识结合起来。

总的来看，太极拳运动拥有有氧锻炼、力量锻炼以及柔韧锻炼的综合特征，因此，非常适合老年人学练，对促进老年人心肺功能、免疫功能、心理健康水平等大有好处。

（2）瑜伽对老年人认知功能的影响

近年来，瑜伽在我国群众体育中逐渐得到了广泛认可，并且这项运动也扩展到了老年群体之中。作为一种身心锻炼的项目，通过参与可以使人的肌力、柔韧性、血液循环等得到有效提升，同时还能有效改善心境、平缓情绪。消极心境与认知功能的下降两者之间是有关联的，而通过参加瑜伽活动可以改善不良心境，而这恰恰可能就是瑜伽运动对老年人认知功能带来提升的潜在机制。和前面提到的太极拳类似，瑜伽运动除了要规范外在动作外，也要关注呼吸调节与意念的控制，正因如此使得瑜伽往往也会起到有效提高注意力的效果。

第二节 广西少数民族传统体育活动的特征

广西少数民族传统体育植根在广西特定的人文环境与地理环境之中,它是一种从体育运动角度出发的反映区域内各民族生活方式,人文文化的社会活动。总的来看,广西少数民族传统体育活动的特征主要有如下几点。

一、地域性与广泛性

广西境内的少数民族传统体育种类丰富、数量众多,再加上许多少数民族的聚居地区偏远或被深山环绕,如此就使这些民族文化被封闭了起来,这也就是为什么许多少数民族传统体育的形态较为富有鲜明民族特色的原因,这和地域性特征有着紧密关联。例如,在广西境内生活的瑶族自古过着游耕生活,为了自卫,他们习练的瑶拳、盘王拳、射弩等,这些项目有着非常浓郁的地域性色彩。我国著名学者费孝通先生曾说过"一个民族总是强调一些有别于其他民族的风俗习惯,生活方式上的特点,赋予强烈的感情,把它们升华为代表本民族的标志。"这句话的意义就在于说明了广西少数民族传统体育活动的地域性特征。

广西少数民族传统体育还有一个群众性较强的特点,这直接使得广西少数民族传统体育具有了广泛性的特征,即少数民族群众对传统体育活动的参与感非常强烈。究其原因,在于这些活动的开展完全是在共同的民族文化心理意识的基础上进行的,因此在大多数情况下这些项目的开展非常纯粹,较少受到社会其他因素的影响,也不被现代价值规律所支配。民族传统体育活动的内容、形式,对参与和观赏它的民族群众来说是早已被公认的审美意识与情趣,并被世代传承下来。

二、传统性与灵活性

广西少数民族传统体育具有传统性特征。决定这一特征的事实在于自这些传统体育运动产生之日起直到现在,它都被人们世代传承着,数量多达 150 多种。这 150 多种项目在历史进程中经过不断筛选、提炼,才流传到今天,成为人们看到的形态。春节瑶族的"打陀螺";大年初二苗族的"跳坡";正月十五毛南族的踩风车;中秋节壮族的"踢毽子"(高脚球);盘王节瑶族的打长鼓等活动。再加上壮族的"谷榔"(打扁担)活动,这项活动在唐代就已经盛行,现如今在马山县的加芳乡仍在群众之中普及,甚至几岁的儿童都会参与,由此可见少数民族体育活动所具有的传统性特征。

强健身体是广西少数民族传统体育活动的目的之一,为了实现这个目标,就需要在活动组织上采取更加灵活的方式,以求能让更多的人参与其中。由于很多民族传统体育项目的创造就来源于生活,并且也不需要条件苛刻的场地和难以获得的器材,这为推广的便捷度带来了提升。类型多样的活动有个人参加的,也有两个或两个以上的人组成的团队参加的。有些项目对参加的人数也没有具体规定,人多有人多的玩法,人少有人少的玩法,甚至男女可以同场竞技。如此因地制宜、因情况而异的活动开展方法,既丰富了群众的文体生活,又达到了相互交流的目的。

三、竞技性与业余性

广西少数民族传统体育项目中有一些项目带有非常鲜明的竞技性特征。其中,最为典型的有抢花炮运动,该运动有"东方橄榄球"的美誉。可以说,这是一项具有很强竞技性的运动项目,双方队伍在固定范围的场地内争夺对花炮的控制权,并力争将花炮投入对方的花篮内。这对于运动者来说既是一项比拼身体全面素质的比赛,又是一项斗智斗勇及心里比拼的比赛。高水平的抢花炮比赛场面异常激烈,观赏性极强。此外,还有如水族的赛马比赛,也是一项竞技性较强的项目,具体活动方式是将赛马场地设在高坡陡岭、密林荆丛、道路崎岖的山地上,复杂的地形是对竞赛者骑术的考验。对于少数民族传统体育来说,之所以能够一直传承下来,与很多项目具有的竞技性特征是紧密相关的,正是由于竞技性特征的存在,使得人们对参与其中兴趣大增。

此外,广西少数民族传统体育项目还体现出了一定的业余性。这种业余性体现在体育活动开展的时间往往是人们的业余时间、节假日,亦或是农闲之时。这些活动的举办要以不影响人们的生产或工作为基础的,而且参加活动的人往往只是为了搏个好彩头或展现一下自身的勇猛个性,并非是以拿到多高的名次为目的。这就决定了参加活动的人多是普通的民众,而不是专业从事这项运动的运动员,如此也就使得广西少数民族传统体育带有了业余性特征。

四、娱乐性与健身性

广西少数民族传统体育项目从本质上就包含了娱乐大众的属性,因此也就具有了娱乐性。例如,苗族的"拉鼓"是男女青年在激昂的芦笙和鼓乐伴奏下合跳的类似舞的一种运动;瑶族的芦笙长鼓舞则融入了音乐和舞蹈元素,唱做兼备,风格纯朴,具有浓厚的民族特色和欢乐气氛。此外,还有壮族的"三人穿板鞋",侗族的"骑木马",仡佬族的"跳八音"等,都具有非常显著的娱乐性特征,使得人们不管是参与其中还是观赏都能获得精神上的愉悦。

广西内容丰富的少数民族传统体育项目还普遍具有健身性的特征,即经常参与其中可以有效锻炼身体各项素质。例如,侗族的"芦笙武术",既有芦笙的蹲跳、腾跃、洒脱、柔美等特点,又有武术的矫健、坚韧的风格。此外,还有瑶族的"独木滑水",彝族的"抱腰摔跤"等项目,都是备受人们青睐的项目。儿童、青少年、青年等群体通过参加活动,可以培养他们顽强、果断、坚毅的性格以及多项身体素质,可谓身心皆得到了锻炼。

第三节 广西少数民族群众体育活动的 内容、方法与组织研究

一、广西少数民族体育活动溯源

广西地区有着悠久的历史,其可追溯到两三万年以前的旧石器时代,当时在这一地区就有"柳江人""麒麟山人"生活的痕迹。另外,在许多考古活动中发掘出的实物来看,该地区的先民们就已经在新石器早期和中期制造出了如三棱石嫉和骨嫉等工具,还有石戈、石矛、石钱等砍砸器、刮削器和勾刺器等文物。由此可以揭示早期的先人们就是使用这些工具来与自然搏斗、打猎甚至部落战争,再加上与人的本身的跑、跳、投、躲等动作相结合,慢慢演化形成了早期的广西少数民族传统体育的雏形。

到了春秋战国时期,广西也被称为"百越之地"。在此时期,广西地区开展的原始体育活动便开始以氏族为单位进行组织。在描述广西壮族文化历史的著作《壮族简史》中曾有这样的记载,"古代越人尚铜鼓,……岭南地区最早使用铜鼓的是被称为'骆越''便僚'的壮族先民。……在北流县收集的云雷纹大铜鼓面径165厘米,胸径149厘米,腰径139厘米,高67.5厘米,重达300千克,体型高大,庄重古朴,是2千年前的遗物。"文字的描述揭示了当地少数民族在部落集体活动中有一个击打巨型铜鼓的行为。还有记载《隋书·地理志》中提到:"诸僚……铸铜为大鼓。有鼓者,号为'都老'"。由此就更加证明了打铜鼓在当时的部落中绝对是一项有组织、有规模的活动,而广西壮族作为最早铸造和使用铜鼓的民族这一事实也从另一个侧面证实了将铜鼓用于部落活动的行为。

公元前214年,秦王朝统一岭南后,当时各民族之间的多领域交流非常频繁,这对当时包括少数民族传统体育在内的民族多方面文化的融合与发展都起到巨大的推动作用。对于广西的主

要民族壮族来说,这点在他们距今两千多年前的花山崖壁画中就能看出,这些壁画描绘了古代壮族的传统活动打铜鼓、耍飞砣、射弩、赛龙舟等活动景象,画中还有人们日常使用的环首刀、剑、矛、箭铁、后牌、头盔等工具图像。

在秦汉时期之后,广西少数民族传统体育继续随历史的发展而发展着。广西南拳在这一时期的发展最为迅速,这项极具民族特色的拳术架式源于壮族在长期的狩猎活动中观察各种野兽的站立、蹲伏、奔驰、闪展腾挪的姿态和特征模拟而成的,因此在这一拳术有着较多的象形元素。投绣球也是广西典型的少数民族传统体育项目,它源于两千年前的左江流域,其主要器材是原本用于狩猎和作战的一种兵器——"飞砣"。到了宋代时,人们改良了"飞砣"为绣花布囊制成,然后互相抛接当作一种娱乐活动。中华人民共和国成立后,在党和政府对少数民族传统体育保护工作的重视下,几经挖掘和整理,使得"投绣球"运动成为壮族的传统表演与竞赛项目。

对于包括广西少数民族传统体育项目在内的少数民族传统体育来说,随着历史进程而来的是民族风俗习惯与民族传统体育活动的相互渗透与交融,这使得许多少数民族传统体育项目中都带有明显的不同民族的特色。例如,瑶族的打铜鼓是为纪念密洛陀;苗族的爬坡杆是为纪念孟子右。具体说明一下爬坡杆运动,这项运动的起源据说是一位名为孟子右的青年率领苗族兄弟与残暴的那祖(奴隶主)斗争,壮烈牺牲,后来族人为了纪念他,就在他的墓前竖起了一根木杆,顶端放置酒肉,以示悼念。以后每年在开展祭祀活动时都要有人爬上杆顶挂酒肉,想承担这份"工作"的年轻人越来越多,慢慢就形成了"坡会",再后来就有了苗族的"爬坡杆"运动。

此外,对于广西少数民族传统体育的起源与形成,还有一点不容忽视的就是其与先人的辛勤劳动分不开。例如,京族的主要生产活动都是在海上进行的,为了作业方便,他们经常要爬上很高的杆装风灯,于是他们就在木杆上涂油后再爬,以练就过硬本领,故称"爬油杆"。广西壮族还有一种传统体育活动叫作"打榔",实际上,这项运动来源于舂粮和舂糍粑的劳动活动。

我国的广西地区在很长的历史时期内都属于交通闭塞、经济落后的地区。为此,众多民族群众为了满足平日的精神生活需求,从生产活动中诞生灵感,创造出各具民族特色的体育活动,最终使广西少数民族传统体育成为我国民族传统体育中的一枝瑰丽奇葩。

二、广西少数民族群众体育活动方法与组织

广西少数民族群众体育活动的内容众多,这里我们选取其中最典型的抢花炮运动进行说明。

(一)抢花炮的形成与发展

抢花炮是崇左市左州镇人非常喜爱的一项民族传统体育活动。这项运动的起源时间可追溯到明末清初,在那时的每年的二月初二"土地真君"生辰日时,土地庙香火不绝,人们聚集在一起热热闹闹地开展着抢花炮活动。这项运动之所以直到今天仍旧举办着,在于其不仅是重要的祭祀龙神和土地神的仪式活动,又是一种寄托人们美好愿望和具有强身健体价值的运动。

传统民间的开展的抢花炮运动共分为三场进行,每场都有不同的寓意。第一场为抢头炮,寓意人丁兴旺;第二场为抢二炮,寓意财源茂盛;第三场为抢三炮,寓意加官进爵。中华人民共和国成立后,有关部门对众多少数民族传统体育项目进行了重新整理和规范,特别是剔除了项目中所包含的封建迷信的内容。对于抢花炮来说,在形式上仍有头炮、二炮、三炮之分。现如今的抢花炮运动的"花炮"是一个圆形铁环,将花炮放在送炮器上,送炮器将花炮射到高空,也就是所谓的"发球"。发球后,参战的双方队伍每队10人开始抢炮,同队队友之间要默契配合,用挤、扳、钻、藏、护、传、拦等技巧控制球或抢对方手里的花炮,最终以哪一方成功将花炮送到裁判席为胜利。

在今天,抢花炮运动仍旧是广西少数民族主要的传统体育项目之一,深受民族群众的喜爱。由于这项运动有着良好的对抗性、娱乐性和独特的民族风情,因此也开始逐渐传播到其他地区,如湖南、湖北、重庆、贵州等地,在当地也博得了人们的好评和热烈参与。20世纪90年代之后,特别是在全国少数民族传统体育运动会将其列为比赛项目后,抢花炮运动就成为可重要民族传统体育之一。

(二)抢花炮运动的健身价值

抢花炮作为广西少数民族传统体育项目中的典型代表,其之所以能够在广西少数民族中乃至其他地区流传和发展,关键就在于项目本身所具有的丰富健身价值。

1. 促进身体素质的全面发展

仔细观察抢花炮运动的形式,可以发现其有些类似于西方的橄榄球运动,正因如此,抢花炮运动就有了"东方式橄榄球"之称。为此,这项运动也非常强调双方的对抗和身体素质,当然还有其他技战术和心理的比拼。比赛中,进攻的一方队员可运用掩护、传递、假动作等技战术奋力突破对方的防线,将花炮攻进对方炮台区;防守一方的队员则要运用拦截、阻挡、搂抱等技战术尽力阻击对方的进攻。在40分钟内双方要进行这种复杂的技战术动作和快节奏的攻防转换,可见其对运动者全方位的身体素质都有着较高的要求。经常参加这项运动,显然也是对身体综合素质水平的一种提高。

2. 提高身体应激能力

抢花炮运动氛围上下两个半场,每个半场比赛耗时20分钟。其是一项有氧供能为主,无氧供能为辅的运动项目。运动者在抢花炮比赛中的心率和最大输出量都会增加,进而也加快了身体的循环与代谢。呼吸频率与深度的加快和加深使得肺通气量增加,氧运输系统功能增强。由此看来,经常参加这项运动有助于人体提高脑细胞供氧的能力,使大脑神经活动得到刺激。由于运动者在比赛中要经常变换身体前进的方向及做出各种动作,这可以有效提高中枢神经的灵活性以及中枢神经系统协调支配器官的能力。对于人的健康价值来说最直观的感受就是运动者感觉手脚更加灵活了,视力和听力更加敏锐等。

3. 其他价值

运动具有较强的集体性,要求运动员在比赛中必须巧妙、默契地配合,齐心协力,在配合的基础上充分地发挥个人的特点与作用,为本队创造出有效的得分机会以达到战胜对方的目的。比赛时每场得失分数不多,如果在比赛中出现配合失误,就会失去一次进攻机会,给本队带来不利,造成被动局面甚至影响全局。在日常训练中,为提高攻守技术、队员的应变能力及战术的质量,这就要求全队运动员互相支持、鼓励。因此抢花炮运动能培养团队精神。其次抢花炮运动在比赛和训练始终在激烈的对抗中进行,不断进行着进攻与阻挡,奔跑与追逐,传递与拦截的转换,因此可以培养出运动员顽强拼搏的意志。

(三)抢花炮运动的方法

抢花炮的技术包括持炮、传接炮、递接炮、移动、闪躲、掩护等技术。

1. 持炮

(1)夹捏炮

左右手均可持炮,用拇指和其余4指分别贴住炮的两面捏住花炮。在比赛或训练中,偶尔也有双手夹炮跑动的。

(2)抓握炮

五指伸开,掌心对花炮面,用5指握住花炮的轮缘。

2. 传接炮

（1）传炮

①平传炮：手持花炮伸向传炮方向，花炮成水平，花炮面朝上，向内屈肘屈腕，然后快速伸臂抖腕，将炮传出。

②立传炮：动作技术与"平传炮"同，但花炮轮缘朝上。

③掷炮：面对传炮方向，向上向后引臂，手持炮于头的后上方，上体稍倾；向上体稍前俯，同时向前摔臂将炮掷出。

（2）接炮

①单手接炮（以右手为例）：目视来炮，右臂迎炮伸出，掌心朝下（接平传炮）或掌心向里（接立传炮），拇指与其余4指相对，用拇指和其余4指将炮夹捏住。

②双手接炮：面对传来的立炮和掷来的炮，准确判断来炮朝向，双臂伸向来炮，两掌心相对，当触炮时，双臂顺势屈肘回收，用两手将来炮夹握住。

（3）传接炮的练习方式

①低传接平立，掷炮练习

A. 两人一组传接练习：两人向相站立进行原地传接炮练习，随着熟练程度的提高，增大传接炮距离或两人传两炮。提高动作的熟练程度，保持传接炮的手法正确。

B. 3人三角站位传接炮练习：3人一组成正三角形站立，按顺时针或逆时针，3人传两炮或3传3炮练习（图6-1）。

3人三角站位传接炮练习

图6-1

C. 五角传炮练习：5人一组站成五角形，按图示路线传炮，熟练后可进行多个炮的传接练习(图 6-2)。

五角传炮练习

图 6-2

②行进间传接炮

A. 两人行进间传接炮练习:两人一组相距数米(随动作熟练程度增加距离),同时跑动,在跑动中进行传接炮练习(图 6-3)。

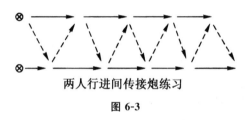

两人行进间传接炮练习

图 6-3

B. 3 人行进间交叉跑动传接炮练习:动作要领:3 人一组成平行站立,面对前进方向(图 6-4),B 持炮将炮传给向右斜前方跑动的 C,再从 B 的左后绕前切进,C 接炮后将炮传给向左前斜插跑进的 A,然后从 A 的背后,由右向后向左前切进,如此以此类推进行练习。

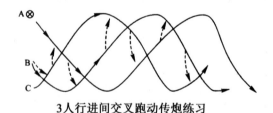

3人行进间交叉跑动传炮练习

图 6-4

C. 三角移动传接炮:将练习者分成人数相等的 3 组,成 3 路纵队站立于正三角形的 3 个顶点上(图 6-5),彼此相距数米(视熟练程度决定距离)A 队另一名队员手持炮将炮传给 B 队首后跑到

B队队尾站立,B队者将跑传给C队首后跑到C队队尾站立,C队首将炮传给A队首(原队首离队后,原第二位为队首)后跑A队队尾站立,依次进行练习。

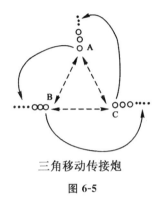

三角移动传接炮

图 6-5

D. 迎面跑动传接炮:练习者成两路纵队,相距8～10米(根据实际可长可短),相向站立(图6-6),A队首持炮向前跑动数步后将炮传给B队首,后炮到B队队尾站立,B队首原地接炮,接炮后向前跑动数步同时将炮传给A队首(原队首离队后,原第二位为队首),再炮到A队队尾站立。以此类推,进行练习。

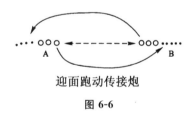

迎面跑动传接炮

图 6-6

3. 递接炮

递接炮是传接炮的一种特殊形式,主要是在双方队员较密集的区域,队员从同伴手中直接将炮接过,以免被对方断炮,同时还可隐蔽意图,让同伴持炮快速插上,攻进炮台,使对方防不胜防。

4. 移动

抢花炮比赛中的移动技术可分为:加速跑、变向跑、侧身跑、后退跑、滑步等。

（1）加速跑

加速跑是快速移动改变比赛场上位置的主要手段,通过加速跑可以组织起快攻或断炮后的快速反击,争取主动出其不意,攻入对方炮台;或者,通过快速回防,组织起有效防守、追防对手、延缓进攻速度、破坏对方快攻或赶上对手、抢断花炮获得炮权。因此,不管是在进攻中还是防守中,有出众的快速奔跑能力可以获更多的比赛主动权。

动作关键:蹬地积极有力,快速摆臂,上体稍前倾。

练习形式:

①行进间 30 米,60 米跑。

②加速跑 60 米,80 米,100 米。

③顺风跑,下坡跑。

④下肢力量练习:跳跃练习:单腿连续跳、30～60 米跨跳、连续抱腿触胸跳、连续分腿跳高;负重练习:负重全蹲、半蹲、胶皮带牵引跑等。

（2）变向跑

变向跑是在跑动中突然改变方向,摆脱对方防守或堵截的主要手段,在比赛中一过一或一过多名防守队员,攻于空炮台得分,可极大地鼓舞本方队员士气或者是在人盯人的情况下,摆脱对手,给对方造成漏防或者是在对方区域联防的情况下,通过摆脱对手,打乱对方防守阵形。所以,通过变向跑摆脱对方防守,往往能创造得分机会,因此在训练中受到重视(图 6-7)。

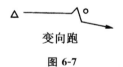

变向跑

图 6-7

动作关键:身体先左前移再突然向右变向。

练习形式:

①同"加速跑"练习。

②绕障碍物跑。每间隔 2～3 米放置一障碍物(以衣裤、矿泉水瓶替代,这些物品容易寻得),共放置 10～15 个,绕障碍物跑

（图 6-8）。

绕障碍物跑

图 6-8

③"Z"字形跑。每间隔 2 米放置衣障碍物，共放置 10～5 个"Z"字形过障碍物跑（图 6-9）。

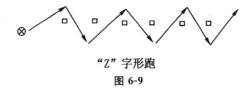

"Z"字形跑

图 6-9

④一过一练习。进攻者站立于发炮附近，防守者站立于罚炮区弧形线上，进攻者加速跑向炮台区，接近防守者时，做变向跑力图摆脱防守，跑进炮台区，防守者尽力将进攻者堵截住（图 6-10）。

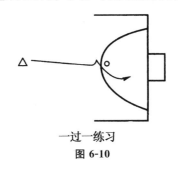

一过一练习

图 6-10

⑤攻防练习。如图 6-11 所示，进攻者与防守者相距 2～3 米相向而立，进攻者面向炮台区，防守者背向炮台区，进攻者做变向跑力图摆脱防守者，跑进炮台区，防守者退步防守，力图将进攻者堵截住。

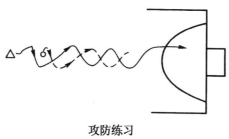

攻防练习

图 6-11

（3）侧身跑

侧身跑也是场上队员改变位置的一种方式，队员在跑动中观察场上的攻防转换情况，及时改变攻守行动为比赛取得先机创造良好条件。

动作方法：在跑动中，上体和头侧转，目视场上情况。

动作关键：既跑动，又要观察场上情况。

侧身跑动作技术比较简单，但是在跑动中要注意场上情况的变化与队友完成传切配合或及时堵截对手，延缓进攻速度，为己方布置防守赢得时间，所以在练习中要注意这一点。

练习形式：

①如图 6-12 所示，练习者（"□"）加速向前跑动，同时向左（或向右）侧身转体，传炮者（"○"）将炮传到练习者前方，练习者在跑动将炮接住。

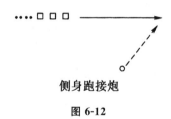

侧身跑接炮

图 6-12

②两人一组行进间传接炮，另一队员在他们跑进的侧方做几个简单的肢体动作，然后要求练习者讲出所看到的情况。

（4）后退跑

后退跑时，上体放松稍后仰，提起两脚后跟，用前脚掌交替蹬地提膝向后跑动，两臂屈肘自然摆动，两眼注意场上情况。

练习方式：

①直线后退跑。

②弧线后退跑。

③"Z"字形后退跑。

（5）滑步

在区域联防中运用较多，当对手离自己较远时（数米距离），防守者通过滑步移向持炮者和炮台的连线上（一般来说在比赛中讲究"主盯炮、兼盯人"的原则)与同伴协防对方的进攻。比赛中以侧向滑步运用最多。

预备式:为了能保持在比赛中便于及时移动,完成各种进攻和防守战术,在比赛中随时保持预备姿势是非常重要的。

侧向滑步动作要领(以左滑步为例):成预备式站立,右脚蹬地,左脚向左侧出,右脚向左跟一小步,保持身体姿势。

练习形式:教师用手势指挥,学生依教师的指挥进行向左、向右滑步的练习。

5. 闪躲

闪躲是抢花炮比赛中为摆脱对手的拦截和搂抱而采用的一种技术,在比赛中运用较多,通过闪躲摆脱对手,可以组织起有效的快攻或对方的联防(摆脱防守队员后,另一名防守队员必然要补位防守,造成空位),创造得分机会。

动作要领:(以向右闪躲为例)当防守队员扑向自己时,左脚向左侧出一步,身体重心随即左移,同时左脚突然向外蹬地,重心右移,右脚跨步,快速跑动,当对手伸臂向我搂抱时,上体稍向右摆再稍屈膝屈体然后向右摆,躲过对手搂抱,右脚右跨步,快速跑动;当对手扑向自己时,右脚快速右跨步先对方一步摆脱对手。

练习形式:

(1)两人一组相向而立,间隔约1米,上一步(只上一步)去触摸对方身体,另一方则尽量不让对方触到。

(2)画一半径为5~10米(随熟练程度的提高,练习场地可缩小)的圆圈,3名练习者站于圆弧上,圆分为三等份,如A追B,B追C,C追A,3名练习者可以以任何路径在圈内跑动。

6. 掩护

在激烈的抢花炮比赛中,有时运用掩护技术可为同伴创造进攻或得分机会,是指进攻队员利用符合规则的动作和方法,用自己的身体挡住防守队员的移动路线,使持炮者得以摆脱对手防守或进行队员占住空当接炮,为得分创造机会一种队员与队员之间的配合方法。

在比赛中运用掩护技术,一定要选择好掩护时机和占位,掩护动作过早暴露,其意图易被对方识破,起不到掩护同伴的作用,掩护动作过迟,被掩护者有可能被对方拦截住或准备抢占的空位被占;占位不好则起不到挡住对方移动路线的作用。因此在训练中应有意识地加强掩护训练,以提高在实际比赛中运用的成功率。

第七章　"健康中国"视阈下广西自发性群众体育组织的运行与发展研究

　　群众体育活动开展涉及人群广、社会影响广、活动开展复杂，需要组织协调、统筹兼顾，作为群众体育的组织管理与运营者与机构，如何结合群众特点和需求更加科学有效地组织群众体育活动，切实提高广大人民群众的体育健身参与积极性与主动性，并能收到良好的体育健身效果、真正促进群众的身心健康发展，对于增强国民体质、推动社会体育发展、促进地方群众体育文化活动开展和精神文明建设，进而实现"健康中国"目标具有重要的社会意义。本章就主要针对自发性群众体育组织的相关知识进行系统分析，并结合广西地区群众体育开展情况，对广西自发性群众体育组织的持续开展进行深入研究，以不断推进广西自发性群众体育组织活动的开展，为进一步组织开展广西群众的体育活动、增强群众体育积极参与与良好体育活动效果取得提供理论和实践指导。

第一节　自发性群众体育组织的概念与构成要素

一、自发性群众体育组织的概念

　　自发性群众体育组织是基于人们共同的爱好、利益、感情与友谊，不受任何外界"建制"部门影响和制约，自发形成，自主管理的非正式的、结构松散的，开展体育健身、娱乐、交际、休闲活动的组织。①

韩军研究指出,自发性群众体育组织的形成是群众追求自身体育需求的结果,是不断增长的大众体育需求与市场或政府供给不足的矛盾产物。

刘建中认为,社区自发性群众体育组织是指在社区范围内,由具有共同体育兴趣爱好的社区居民自发形成的,并自主管理的非正式的群众体育活动组织。

综合以上观点,可以认为一个组织要成为社区自发性群众体育组织,应具备以下基本特点。

(1)参与群体为全社会成员。

(2)具备一定数量的固定组织成员。

(3)参与方式是群众自发自愿参加,不具有强制性。

(4)有一人或者多人为核心的组织者对组织进行日常管理和协调。

(5)有较为明确的活动内容和活动目的。

(6)组织开展体育健身活动目的是为了增强体质、丰富闲暇生活、调节社会情感。

(7)活动方式则以内容广泛、方式多样的体育活动为主。

(8)有相应的运动场地和器械等组织保障。

(9)其基本特征是锻炼身体、增强体质、培养意志品质、休闲娱乐、丰富文化生活。

另外,群众体育活动还要求科学的健身理论进行指导,需要社会体育指导员的帮助。②

---

① 孟凡强. 自发性群众体育组织成因的理论探讨——兼论后续实证研究面临的主要课题[J]. 体育学刊,2006(2):58—61.

② 姜振. 自发性群众体育组织在现代社会中的构建与发展[M]. 成都:电子科技大学出版社,2017.

二、自发性群众体育组织的构成要素

(一)参与者

参与者是自发性群众体育组织存在的重要基础,也是自发性群众体育组织系统的重要构成要素,如果没有体育健身活动参与者,则自发性群众体育组织就没有存在的必要了。

自发性群众体育组织的参与者是社会大众,无论男女老少,无论社会地位、教育水平、经济收入高低、体质健康状况如何,以及是否有运动经验等,只要是有参与其他健身的意愿和动机,就可以参与到某一个自发性群众体育组织中来。

(二)组织者

自发性群众体育组织活动的开展是集体行为,需要有活动组织者和管理者参与到活动过程中,以指导和安排活动过程,确保群众体育健身活动的顺利开展与实施。

从我国现有的众多类型群众体育组织的组织活动开展现状来说,群众体育活动组织者是自发性群众体育组织的灵魂人物,他们在组织群体成员中占据非常重要的地位,组织者的能力水平甚至可以决定自发性群众体育组织的存亡。

一般来说,自发性群体组织的组织领导者大体可以分为两种类型,即工具型领导和表意型领导,前者注重组织任务的顺利完成,后者注重群体的团结和维持群体的协调。目前,自发性群众体育组织的表意型领导占绝大多数。

自发性群体体育组织的成立具有群众自发性,因此,在组织领导者的产生方面,也更多地是遵从民意,往往由大家一起推选产生,一名合格的自发性群众体育组织的组织领导者,往往是具有一定威信力的组织成员,在组织日常体育健身活动开展中,组织的活动频率与凝聚力往往取决于负责人的号召力、服务力、管理能力。

现阶段,我国有很多民间自发性群体体育组织发展到一定程度之后,会遇到一个发展瓶颈期,这时就希望政府力量实现进一步发展,例如,挂靠到政府部门、聘任政府部门官员担任组织的领导或名誉顾问等,这是我国特有的民间组织获取更多社会资源的重要方式。

(三)组织途径

自发性群众体育组织的各成员之间是通过多种方式相互认识、了解,并聚集在一起参加体育健身活动的,调查发现,自发性群众体育组织的组织途径主要有社区邻居、朋友、附近村民、同事、相同爱好者、同学、网络等,其中,最多的组织途径是通过街坊邻居(表 7-1),该组织途径几乎构成了自发性群众体育组织约半数的组织成员来源。[①]

表 7-1 自发性群众体育组织组织途径

组织途径	百分比(%)
社区邻居	48.24
朋友	22.35
附近村民	8.23
同事	8.23
相同爱好	7.06
同学	4.71
网络	1.18

(四)组织方式

当前,我国的自发性群众体育组织的组织方式有以下五种类型。

---

① 姜振.自发性群众体育组织在现代社会中的构建与发展[M].成都:电子科技大学出版社,2017.

(1)地缘组织:通过居住地、工作地,就近结伴参加群众性体育健身活动。

(2)业缘组织:由职业或行业的活动需要而结成的人际关系,并在该人际关系的基础上主动或被动参与到自发性群众体育组织中去,经过一段时间的活动参与成为该群众体育组织的固定活动成员。

(3)人缘组织:通过周围的亲朋好友、同事、同学等的介绍,加入到某一自发性群众体育组织中去,定期参加组织的体育健身活动。

(4)趣缘组织:通过相同的体育运动健身爱好而走到一起共同参加体育健身活动。

(5)网络组织:网络已经成为现代人的一种生活方式,深刻地影响着人们的日常生活。在网络社团中,个人可以更加自由地与不同人和组织进行信息交换,既可以加强组织成员之间的联系,也可以形成新的组织。

这里重点对群众体育组织的网络组织方式分析如下。

与其他组织方式相比,网络组织方式具有虚拟性,进入门槛低,包容性大,活动内容、时间、模式自由等特点。个体通过网络技术适用虚拟身份结识一些具有相同兴趣爱好的人,通过网络论坛社区、QQ群、微信群、微博等各种形式进行交流、互动,并从线上活动发展到线下现实生活中,这种体育活动组织方式能够更好地把握年轻人的心理特征,满足年轻人进行社会交往的需求,是年轻人群体相约参与集体性体育健身活动和拓展人际交往的一种新时尚。

(五)活动内容

结合当前我国大众体育健身热门项目和自发性群众体育活动开展情况调查,当前,我国常见社区自发性群众体育组织活动内容主要有以下几种类型。

(1)基础健身走、长跑、跳绳。

（2）球类：篮球、乒乓球、羽毛球。

（3）健身操舞：广场舞、健美操、保健操、扇子舞、交谊舞、扭秧歌。

（4）传统体育：踢毽子、太极拳、太极剑、柔力球、气功、抖空竹、武术、踩高跷、打陀螺、麒麟鞭等。

（5）其他：游泳、轮滑等。

在我国自发性群众体育组织的体育健身活动开展中，各组织的体育健身活动往往于娱乐性穿插开展唱歌等文艺活动有机结合，将艺术和体育结合起来，更加符合群众的体育健身、娱乐要求。

一般来说，某一个具体的自发性群众体育组织的组织活动内容多为固定的。

（六）活动指导

对参与本组织的体育健身活动的人员的具体的健身技术动作与健身活动开展过程进行科学指导，是自发性群众体育组织顺利开展各项体育活动的重要基础和前提，是自发性群众体育组织系统构成的重要要素之一。

自发性群众体育组织的组织成员为广大人民群众，他们大多缺乏专业的体育健身知识，不同的组织成员的体育运动经验、体育运动技能水平、体质水平、身体健康状况也各不相同，因此，他们组合在一起参加集体性的体育活动，就必须科学确定体育健身活动的地点、时间，对健身负荷与强度进行科学确定，整个运动健身过程中也需要进行科学指导，要统一要求，同时也要突出个人差异，因人而异，既能使所有人都得到有效的体育健身效果，又能使个体的体育健身需求得到满足。

（七）规章制度

自发性群众体育组织中的组织规章制度，往往是以不成文的一种口头默许存在，组织成员通过咨询和观察，来了解和熟悉一个自发性组织内部的规制,并且通过个体行为对组织现有的规制产生影响。

需要特别强调的是,一个组织的成立与发展,活动开展,需要规章制度加以规范、引导,组织的制度化在一定程度上促进了组织目标的有效达成,但是,过度僵硬的制度会导致组织运作的灵活性变差,尤其是自发性群众体育组织的成员结构复杂,组织的规章制度应突出灵活多样的特点,

自发性群众体育组织的领导者更应该制定一套灵活多样的组织制度,并且根据组织成员需求的变化及时进行调整。只有更好地满足不同组织成员的活动要求与健身需求,才能吸引更多人加入、才能使组织不断壮大,并促进组织的长远、稳定发展。

(八)活动经费

活动经费是自发性群众体育组织得以生存和发展的重要基础,目前,我国大多数的自发性群众体育组织的活动经费由组织成员缴纳,较少数可以获得社会和政府相关部门的资金支持,这种组织多为城市社区自发性群众体育组织,资金支持的流向主要用于改善自发性群众体育组织活动硬件器材和软件指导人员培训上。

在这里,还有一种特殊的自发性群众体育组织,即学生社团,其经费来源与社会上的自发性群众体育组织经费来源不同,除了学生所缴纳的会费,还包括组织参加社会性表演所获得的有偿收入、举办院系活动获得的赞助收入等,且学生体育协会或社团的活动场地多是借助学校的场地设施,指导教师多是本校的体育老师以及运动技能较好的学生,因此一般不存在资金缺乏的问题。

对于任何一个自发性群众体育组织来说,都应该尽量争取组织经费来源的多元化,以支持社团活动的正常开展,不断完善组织体育健身活动的数量与质量。

第二节　自发性群众体育组织的形成与发展

　　我国自发性群众体育组织在 20 世纪 70 年代初开始出现,随着社会经济等各个方面的不断发展,自发性群众体育组织逐渐形成并发展与完善。自发性群众体育组织得以应运而生和持续发展的原因与条件是多方面的,具体分析如下。

一、自发性群众体育组织形成的社会背景

(一)社会经济发展背景

　　20 世纪 70 年代末 80 年代初,我国开始进行改革开放,自此以后,我国的社会经济发生了显著的变化,这些变化对我国社会各个方面的影响是重大而深远的,社会经济的发展为自发性群众体育组织的形成提供了重要的物质经济条件支持。

　　改革开放以来,我国社会经济以更加开放的姿态来向前发展,而且发展速度惊人,在我国良好的经济发展背景和开放的社会文化环境背景下,人们的生活水平有了很大的改善与提高,社会大众的思想也发生了重要的变化,在体育参与方面,民众的体育健身观念得到了增强,积极参与体育健身活动以提高自我生活质量,尤其是体育消费观念发生了重大变化,越来越多的人开始愿意"花钱买健康",对健康的投资成为一种社会健康新时尚。

　　新的社会经济发展背景下,无论是人民的文化水平、生活水平、体育健身意识、健康观念等,都与以往相比,更加开放、科学、健康,社会大众能够充分认识到个人健康的重要性,并且有了追求健康生活、高品质生活的信心与决心,希望能参与到一定的体育锻炼之中来提高自己的健康水平。

　　社会大众的体育自我参与积极性大大提高,这就为 20 世纪80 年代成立自发性的群众体育组织奠定了良好的群众思想和意识基础,群众有参与体育活动的意愿,能够为了共同的促进身心

健康发展的目标而走到一起去参加体育健身活动。再加上,在当时我国的基本国情,经济建设仍是社会发展的主要任务,大规模地组织正式的群众体育组织需要有大量的人物、物力和财力作支持,因此,正式的群众体育组织建设与群众体育活动组织并不现实,在这样的社会背景下,自发性的群众体育组织能够机动灵活地开展各种群众体育活动,满足当时的群众体育活动参与需求,因此,自发性群众体育组织便开始形成并快速发展。

(二)大众体育健身需求

社会大众是参与群众体育的主体,如果没有社会大众的体育参与,则群众体育就没有存在的必要了,社会大众不断增长的体育健身需求促进了我国自发性群众体育组织的形成,这是自发性群众体育组织形成的重要基础。

大众体育健身需求的增长受多方面因素的影响,具体分析如下。

(1)社会经济发展,人民生活水平提高,有了更多的资金投资发展性需求,体育是在解决温饱问题之后的发展性需求,因此,体育健身需求有了必要的经济基础。

(2)大众健康观念改变。我国体育健身观念的变化受到了国内国外的文化思想的影响,一方面,我国改革开放之后,以更加开放的姿态应对世界的发展,西方体育强国关注大众健康、鼓励大众体育参与的思想传入我国,西方体育健身文化促进了我国社会大众对体育健身参与的认识,"身体劳动就是体育健身"的观念得到了改变,越来越多的人开始愿意并积极参与专门性的体育健身活动;另一方面,我国重视国民体质健康发展、关注民生、重视人民生活质量的不断提高,1995 年《中国人民共和国体育法》的颁布肯定和赋予了人民群众参与体育的权利,自 2009 年开始实施的《全民健身计划纲要》系列文件实施,逐渐推动我国社会体育工作的有序开展。随着《全民健身计划纲要》的广泛深入实施,我国社会民众参与体育的热情不断高涨,"每天锻炼一小时,健康工作每一天,幸福生活一辈子"等体育思想被越来越多的人们所接受,广大人民群众把积极参加体育健身活动作为当今社会的时尚潮流。

（3）政府政策推进。我国政府关注民生,鼓励广大人民群众积极参与体育锻炼,不断促进自我身心健康发展,并为社会大众参与体育健身锻炼不断推出新的政策、不断健身与完善大众体育健身制度、不断加强群众体育基础设施建设,但是,由于一些主客观条件的限制,政府难以在很短的时间内修建大量的体育设施、成立大量正式体育组织覆盖全国各地每一个城市街道、乡镇村庄的人民,满足每一个人对体育的具体需求。在这种情况之下,自发性群众体育组织为满足人们日益增强的体育需求提供了有效的实现途径。

(三)人际情感交流促进

群众体育活动开展有助于增强群众间的人际关系、情感交流,有助于社会和谐人际关系建立和社会主义精神文明建设。

从社会学角度来看,人具有社会属性,人群居生活、趋向群体交流是人生存发展的必然,群体性活动的出现都是因为人们对某一事物有着相同的兴趣、爱好和追求,自发性群众体育组织的出现也不例外。

随着我国群众体育热情的不断高涨,我国体育人口不断增多。1996年,我国就已经有近3亿人次参与到全民健身活动中去,包括各种形式的体育节、体育艺术节、全民健身节活动。至2000年,我国参加过一次或一次以上体育活动的16岁以上的城乡居民占到总人口的35%。至2010年,我国的体育人口已经接近全国总人口的一半,我国开始真正地向体育强国迈进。在大众体育参与需求的不断增长下,我国群众性体育组织和社会团体不断涌现,为组织规模性的群众性体育活动奠定了良好的组织基础。

在自发性的群众体育活动参与过程中,因为对健康有着共同的追求,且有着共同的体育爱好和体育锻炼习惯,借助"体育"这一媒介,健身者之间无论性别、年龄、社会地位、经济收入,都能很好地进行交流与沟通,通过共同参与体育锻炼,人们在自发性群众体育组织中,可以交到与自己年龄相仿的各行各业的朋友,能找到有共同兴趣爱好的"志同道合"的朋友、伙伴,甚至忘年交。具有共同健身爱好的人能在健身、健心的同时不断扩大自己交际圈的同时寻找到情感归属。

共同的兴趣和情感交流是自发性群众体育组织形成必不可少的一个重要和关键因素。

(四)体育相关政策鼓励

群众体育活动的开展需要政府的积极推动,也需要整个社会的积极参与。

《全民健身计划纲要》第 19 条规定:"充分发挥各群众组织和社会团体在开展群众性体育活动中的重要作用,建立健全行业、系统体育协会和其他群众体育组织,逐步形成社会化的全民健身组织网络。"

目前,中华全国体育总会(All-China Sports Federation)有单位会员 154 个,此外,在我国许多机关、企业事业单位内部,还活跃着一些开展大众体育活动的基层社团组织。

当前我国社会化群众体育组织网络正逐步形成,各种群众体育组织覆盖面广泛、适应强性、包容量大。各种形式的体育社会团体充分发挥资源优势、积极开展丰富多彩的大众体育活动,极大地促进了我国大众体育活动的发展。

(五)体育法规制度支持

改革开放后,我国社会经济得到很大的改善,国民经济发展迅速,群众体育事业开始得到快速发展。为了保证群众体育事业的有序、协调发展,我国先后制定并颁布实施了一系列的体育法规和制度,这些群众体育法规、制度,是群众体育组织发展的重要法律依据。

群众体育法规、制度的完善为自发性群众体育组织的形成提供了法律支持。一方面,体育相关发展建设将进一步增加对社会体育活动造成威胁的违法活动的惩罚力度,使这些违法活动的发生率和危害性不断降低,直至消失。另一方面,人们的体育权利将得到法律的有力保障,社会体育活动的开展将有法可依、有章可循,人民大众各项体育活动的开展将更加顺利、丰富多彩。

二、自发性群众体育组织形成的组织条件

(一)组织核心人物

任何社会活动的开展都需要人的积极参与,而在群体活动参与中,活动的组织、领导、管理必须要有一个或几个具有较强能力的人来执行,对于自发性群众体育组织来说也是如此,虽然活动由群众自发参与,但活动过程中必然有核心人物的存在,他们在群体中起着指挥、协调、榜样的作用,依靠自身的组织能力、号召力、奉献精神、责任感、社交能力等在群体中建立威信,并支撑和维系群众体育活动的顺利、持续开展。

在自发性群众体育组织活动开展过程中,组织的活动频率与凝聚力取决于该组织负责人的号召力,尤其是负责人或召集人对组织投入的时间和精力,有时,核心人物的去留甚至直接影响着群体能否继续生存下去,由此可见核心人物的存在对自发性群众体育组织的形成、发展的重要作用。[①]

(二)共同的体育目标

正如前面所说,共同的情感认同是群体存在的基础,一个群体的聚集往往以情感为纽带,以共同的目标为基础,只有这样,一个群体才能维持、发展下去。

自发性群众体育组织的构成人员非常复杂,参与体育健身锻

---

① 冯炎红,张昕.城市自发性群众体育组织形成与发展特点[J].辽宁体育科技,2007,29(3):21.

炼活动的人的社会身份与地位可能有着很大的差别,如公务员、工人、商人、学生等,另外,男女老少均可参与任何一个自己感兴趣的自发性群众体育组织的体育健身活动,共同的健身、娱乐目标是他们走到一起的重要原因。自发性组织能为体育健身者提供一个寻找情感的归属感的平台,为体育健身者扩大自己的交际范围,同时提高体能和运动技能水平提供一个学习与交流的场所,情感发展与健康发展目标是自发性群众体育组织形成的重要前提条件。

(三)组织活动开展的场地设施环境与条件

场地设施环境是自发性群众体育组织的形成与发展的重要基础性条件,我国自发性群众体育活动场地大多以公园、街头巷尾及街道居委会的场地为主。

近年来,我国大力发展体育事业,促进"健康中国"的建设与目标实现,我国不断加大对群众性体育活动的资金支持,对社会体育的财力支持呈现出逐步增加的趋势。现阶段,我国的社会体育设施的建设正在不断完善,许多大中城市都建设了具有地区标志性的体育建筑、大众体育健身场馆与休闲体育公园,这类社会体育设施具有示范性、高水平、大规模等特点,可用于各种体育竞赛、节日体育活动及各类专业化体育服务。一些社区体育基础设施建设和小城镇的体育建设路径建设,具有便利性、经济性、中小规模,开放程度高等特点,为区域性、群众性的体育组织开展的各项体育活动奠定了良好的场地设施基础。

三、自发性群众体育组织的发展趋势

(一)体育休闲娱乐活动将越来越多

健身性是群众体育运动最显著、最重要的特点,是群众体育运动的灵魂。现阶段,我国形成了良好的体育健身的舆论向导,全民的健康观念和健身意识不断增强,全民健身运动是社会主义

精神文明和物质文明建设的重要内容。在这种情况下,群众体育运动的健身性就更加明显的体现出来了。

在突出健身性的基础上,自发性群众体育组织将更多的举办各种体育休闲娱乐活动,以满足现代人日益增长的休闲娱乐的需求。

当前社会已经进入休闲社会,人们生活水平的不断提高、生活方式不断变化,体育价值观日益多元化,在现代人的心目中,体育健身是一种社会新时尚,是一种新的生活方式和娱乐休闲方式,是学习工作之余的一种良好的身体和情感抒发,因此,自发性群众体育组织要持续不断开展群众性体育健身活动,就要密切关注群众的体育发展需求,充分意识到越来越多的人开始追求那些有着较强的消遣娱乐性质的体育项目。具有娱乐性和表演性的体育活动开展,将更加受到人民群众的欢迎,因此,在未来,自发性群众体育组织的体育活动内容与形式将更加丰富多彩、注重休闲娱乐。

(二)组织成员构成将更加合理

当前,我国自发性群众体育组织的成员多是老年人或是下岗职工,这是因为,老年人和待业人员具有充足的闲余时间来参加体育健身活动。

随着经济条件的改善、人们空闲时间的日益增多、人们对体育以及自发性群众体育组织的功能和作用认识的不断深入。在未来,自发性群众体育运动必将成为文化建设和人们精神享受的重要内容,成为发展生产力的需要,成为精神文明建设的需要,成为人们追求更高生活品质的需求。届时,将会有越来越多的年轻人或中年人参与到体育健身中来,并自觉地走入某一个自发性群众体育组织。

因此,自发性群众体育组织活动参与在将来还将成为人们工作之余进行休闲、娱乐和交往的重要方式。

(三)体育组织将更加深入社区

自发性群众组织将更加深入社区,在社区、街道、村庄开展,以为周围群众参与体育健身提供更多的便利。具体原因分析如下。

一方面,趣缘是自发性群众体育组织形成的最为重要的核心因素,随着社会经济与生活节奏的不断加快,越来越多的人为了节约时间成本,都会就近选择区域、组织参与体育健身活动。越来来的人为了健身活动的方面而选择就近加入体育活动组织,自发性群众体育组织在今后的发展中将越来越多地出现在住宅小区中。①

另一方面,在人们的日常生活中,社区、街道委员会、村委会作为最具活力的群众团体,往往在文化体育事业方面存在着一定的共性,这种共性推动了社区文化的繁荣发展,而这些基层体育活动作为基层文化的重要组成部分也随之迅速兴起。

(四)区域自发性群众体育组织发展不均衡性仍将存在

我国幅员辽阔,经济和社会发展水平差异很大,不同地区经济社会发展水平的差异,决定了全国各地的体育发展水平的不均衡性。

当前,我国正处于社会经济发展的转型期,在这一社会经济的背景下,各地的社会经济发展状况不同,在社会经济发展改革方面也面临着不同的问题。有些地区重视追求经济增长,增加社会积累;有些地区经济稳步发展到了一定水平,关注和重视居民幸福最大化,提高生活质量,社会经济发展目标不同,社会发展的价值取向不同,在体育发展方面的政策、经济投入也会不同,各地区的群众体育发展水平不同,自发性群众体育组织的数量、质量、规模也会有明显区别。

---

① 晁铭鑫. 自发性群众体育组织的形成与发展探究[J]. 当代体育科技,2014,4(26):112－113.

在未来一段时间内,我国的区域性社会经济发展不平衡的现象会得到一定的改善,但较大的差距仍然存在,区域性自发性群众体育组织发展不均衡的问题也将继续存在。

第三节　广西自发性群众体育组织发展现状与影响因素分析

一、广西自发性群众体育组织发展现状

就全国范围来看,我国的自发性群众体育组织产生于 20 世纪 70 年代的大中城市,在 20 世纪 80 年代稳步发展,到 20 世纪 90 年代迅速普及到中小城市,进入 21 世纪后如火如荼的开展起来。当前,我国自发性群众体育组织还处于初级发展阶段,还存在许多问题,需要进一步完善,广西自发性群众体育组织也表现出与全国其他地区自发性群众体育组织相同的问题,具体分析如下。

(一)体育基础设施不健全

从全国范围来看,广西地区的经济发展并非是我国地区经济发展的佼佼者,而经济发展与体育发展之间具有非常密切的关系,整体来看,我国广西地区的城乡基础性体育设施不健全,群众性体育活动开展缺乏充足的体育基础设施支持。

自发性群众体育组织的体育健身活动的开展,主要依赖的就是大众健身路径,就广西地区的大众体育发展现状来看,一些大中城市虽然具备了一定的体育场馆等体育活动场地,但开放率低,到体育场馆锻炼身体的人并不多;在一些农村,体育基础设施建设严重不足。体育设施不健全阻碍了广西自发性群众体育组织活动的发展。

(二)群众体育区域发展不平衡

总体来看,我国群众体育存在区域性发展不平衡的现象,具

体表现为我国东部经济发达地区与西部经济欠发达地区群众体育发展不平衡、我国大型城市与农村群众体育发展不平衡。

从广西行政版图上看,广西地区的群众体育发展也存在着区域性发展不平衡的问题。广西桂林和南宁经济发展水平较广西其他地区的经济发展水平高一些,群众健身观念和健身基础设施较丰富,参加体育健身活动的人较多些。

虽然广西地区少数民族众多,少数民族传统体育丰富,但是少数民族聚集居住的地区,经济发展较为落后,偏居一隅,年轻人多流向东部沿海大城市,村寨老人和幼儿较多,很难形成有规模的自发性群众体育组织。

(三)群众体育人群结构不合理

正如前面所提到的,在广西地区,无论是现代体育健身活动,还是少数民族传统体育活动,经常参加体育活动的人员为"老、少"人群,即为老年人和留守儿童、学生,而中青年则相对较少。这与我国整体的大众体育人口年龄结构呈马鞍型的情况是一致的。

(四)群众体育指导员数量不足,质量不高

广西地区,群众体育发展较全国其他地区相对落后,群众体育活动开展较少、群众体育活动组织不规范,这就更加需要社会体育指导员的指导,但现实情况是,我国社会体育指导员整体队伍建设就存在"数量不断、质量不高"的问题,这一问题在广西地区表现得尤为明显。

广西一些地区,不乏有对地方少数民族传统体育内容掌握全面和扎实的人(虽然多为老者),这些人希望能组织居民和村民积极参与体育健身活动,但是却往往面临着无人参与、无人继承的窘境。

(五)群众体育组织长期处于松散状态

我国自发性群众体育组织是由公民对体育运动的共同兴趣、

爱好自发形成的,其组织在全国范围内,组织数量巨大,并且规模大小不一。

广西地区,调查发现,现有的一些自发性体育组织,组织建立盲目性、随意性大,生存周期短,不能形成一定的规模,而同时,社团登记管理制度对社团注册登记要求比较高,许多的自发性群众体育组织无法取得政府和社会的认可,长期游离在政府的有效监管之外,政府缺乏对这些自发性群众体育组织的规范指导。

(六)群众体育组织生存管理能力较差

整体来看,目前,我国自发性群众体育组织发展还处于起步阶段,组织管理缺乏经验,一些自发性群众体育组织往往在组织开展了一段时间的体育活动之后,会因为各种问题(如场地、人员、经费等)就消亡了。

广西地区的自发性群众体育组织数量少、规模小的现象十分突出,组织内部成员缺乏长期的稳定性、盲目性、随意性比较大,经费问题经常出现,处理问题缺乏有章可循,活动目标不明确,缺乏长远期规划,生存管理能力差。

二、广西自发性群众体育组织发展影响因素

(一)政治因素

实践表明,群众体育在全面建设小康社会、构建社会主义和谐社会中起到十分积极的作用。广西地区自发性群众体育组织缺乏行政干预与管理的问题十分突出,政府应加强对广西群众体育的政策支持与引导,这对于促进广西地区自发性群众体育组织的健康、有序发展是十分有利的。

(二)经济因素

针对我国广西自发性群众体育组织活动开展过程中存在的各种问题,应该加强对自发性群众体育组织的经济支持,增加对

地方群众体育基础设施的建设,为广西各地区参与现代体育健身活动、民族传统体育健身活动提供必要的场地、体育设施条件。

(三)思想因素

广西地区具有丰富的群众性体育活动资源,但是当地人民的体育健身、休闲意识还有待进一步提高,对此应不断加大各地的大众健身宣传,鼓励人民群众积极参与各种形式的体育健身活动。

具体来说,要改变广西当地人的只参与"节庆体育"活动的定式思维,使广大人民群众充分认识到,体育运动健身效果需要长期坚持,机体对体育运动锻炼的适应性的形成是一个相当复杂的协调过程,仅仅靠几次训练和练习是无法实现的,因此,只有坚持训练,长期坚持,才能达到良好的健身效果。应使广西各地、各族人民群众改变"只在民族节庆日开展体育健身娱乐活动"的观念,要将体育健身深入到日常生活中去,坚持积极、长期参与体育健身锻炼。

第四节 广西自发性群众体育组织的培育与运行策略研究

结合我国广西地区自发性群众体育组织活动开展的各种问题与困难,现阶段,要进一步促进广西自发性群众体育组织的组织建立、活动开展、组织人才(组织领导者、体育健身指导员)培育与组织科学运行,提出以下可行性策略。

一、加强对自发性群众体育组织的政策支持与引导

群众体育活动的开展离不开政府的支持与鼓励,当前"全民健身"和"健康中国"背景下,我国重视群众体育事业发展,国家体育总局和各级体育部门已经将发展群众体育事业作为一个重要的工作重点,并对此采取了一些倾斜政策,在工作中强调发展群

众体育的重要性,并积极采取各种有利措施推动我国群众体育组织建设和组织体育活动开展。

具体来说,加强自发性群众体育组织的政策支持与引导,促进广西自发性群众体育组织的良好运行,应做好以下工作。

(1)强调自发性群众体育工作一定要紧紧围绕党和政府的中心任务,服从和服务于国家社会经济发展的大局,坚持从实际出发、与时俱进。

(2)坚持将满足群众不断增长的体育健身需求,提高群众体育健身意识,增强群众体质健康水平作为政府各项工作的根本出发点和归宿。

(3)坚持以人为本,切实关注民生,关注自发性群众群众体育组织的建立与活动开展。

(4)建立服务型政府,充分发挥各级人民政府在推进自发性群众体育发展中的主导作用,制定政策措施,积极宣传和强化各级政府的群众体育服务职能。

二、重视对自发性群众体育组织各类人才的管理指导

目前,广西地区的自发性群众体育组织自身生存能力较弱,组织工作人员专业知识和技能不足,缺乏创新人才。

从社会体育工作开展角度来看,社会体育指导员均在一定的体育组织和场所开展工作,所以应大力推进各种基层体育社团、社区体育俱乐部、乡镇文体站、社会体育指导中心和社会体育活动站点等体育活动组织和健身活动设施的建设,积极开发适应不同层次体育健身需求、引导多样化体育场所,为社会体育指导员提供更多的工作载体和服务空间。

(1)政府应做好自发性群众体育组织和社会体育指导员之间的"中介"工作,政府应当帮助自发性群众体育组织建立专业人才引进和专职工作人员的职业培训制度,为自发性群众体育组织积极培育组织人才,推进自发性群众体育从业人员的专业性、稳定性。

（2）政府应深入了解不同的自发性群众体育组织的特点，制定灵活机动的人员聘用、档案管理、职称评定、福利保障等具体政策措施，鼓励有条件的自发性群众体育组织建立规范的人才管理制度、资金管理制度。

（3）政府要促进群众体育健身活动的良好开展，为自发性群众体育组织提供直接性的人才输送以外，还应该积极建立、健全农村体育组织网络，充分发挥体育行政部门、乡镇体育文化站、村级文化体育活动室、体育辅导站等基层体育组织的作用，提供广大人民群众的体育文化素养。

三、加强对自发性群众体育组织的经费与培育基地支持

当前，大力发展群众体育在我国具有良好的社会环境，随着我国人民群众的生存状态日益改善和生活水平不断提高，体育将在群众生活中扮演越来越重要的角色。政府应为日益增长的群众体育参与需求创造更加有利的环境和条件，为自发性群众体育组织活动发展提供强劲动力，包括经费与场地支持。

（1）政府应当设立专项资金用来扶持自发性群众体育组织，通过减免税收、资金扶持多种渠道帮助其组织发展。

（2）有条件的当地民政部门可以成立自发性群众体育组织发展基金会，资金来源通过财政拨款、社会捐赠等渠道筹集。

（3）地方财政应当对管辖地的自发性体育组织培育孵化基地，乡镇、街道办事处应当建立自发性群众体育组织培育中心指导站。

四、加快政府对自发性群众体育组织的购买服务建设

政府购买服务是指政府将原来由自己直接举办的、为社会发展和人民生活提供服务的事项，通过购买的方式交由民间组织来承接，是一种政府承担、定向委托、合同管理、评估兑现的新型公共服务提供方式。

通过政府购买行为，可以为自发性体育组织提供更灵活、丰

富的经费筹措来源。

（1）政府应建立自发性群众体育组织孵化基地，为自发性群众体育组织提供办公场地、政策咨询、项目策划、人才培训、机构孵化、小额资助等支持性服务。

（2）政府财政部门应制定购买自发性群众体育组织公共体育服务的办法，并向社会公布。

五、积极改善地区群众性体育活动开展的基础设施建设

没有资金、场地、器材，就无法健身活动。在发展群众体育过程中，物质保障是基础，组织活动是前提。为促进我国全民健身运动的进一步发展，必须要搞好公共体育基础设施建设，这样才能满足广大人民群众参加体育健身的需要。

当前，广西地区的大众体育健身活动开展方面，体育场馆的群众健身利用率不足，这极大地造成了本来就稀少的一些体育场馆资源的浪费，同时，也使得群众体育健身只能在小区空地、公园开展。地方体育设施不健全、利用不合理。

为进一步促进群众体育组织的各项体育健身活动的积极开展，应不断推进广西地区进行体育健身设施、场地、场馆建设。各政府和体育部门要加大对自发性群众体育组织的财政投入力度。

此外，在市场经济条件下，还应充分运用市场原则，大力发展农村体育经济，吸引社会投资，在有条件的地方兴建农村体育俱乐部，满足人们不断发展的健身需求。

还可以鼓励学校体育场馆向公众开放，推进社会体育场馆向社会大众开放，力争使各种类型的体育场地、体育设施等都能得到良好的利用。这是提升广西地区的公共体育设施利用水平率的重要举措，对于缓解和改善广西地区人均体育场地设施少的现状具有的重要帮助作用。

六、完善基层体育组织（社区）的健康与康复咨询服务

广西自发性群众体育组织多在乡村和社区场所开展，对此，

应充分发挥基层体育组织的协助配合与帮助作用,为广大人民群众提供健康与康复咨询服务,如通过邀请专家讲座、义诊,使广大人民群众了解自身身体的健康状况,并根据不同的个体状况由专家制定与之相适应的运动方式与运动负荷的运动处方。

此外,基层社区体育组织应定期与体质健康测评系统人员一道组成小组对本社区人员进行健康咨询与评价,还应根据个体人员的不同需要研究与开发新的健身方法与手段,为广大社区居民参与日常体育健身锻炼和自发性群众体育组织的体育健身锻炼提供必要的医务指导。

参考文献

[1]李相如,苏明理.全民健身导论[M].北京:高等教育出版社,2008.

[2]赵胜国,王凯珍,郜崇禧.全民健身国家战略下体育消费观的时代意蕴及其实现路径[J].武汉体育学院学报,2016(5):220-221.

[3]胡鞍钢,方旭东.全民健身国家战略:内涵与发展思路[J].体育科学,2016(3):3-9.

[4]郝晨.全民健身公共服务内容标准化初探[D].西南大学,2015.

[5]《全民健身活动指导丛书》编委会.全民健身活动指导 时尚健身体育篇(二)[M].西安:陕西科学技术出版社,2011.

[6]于军,周君华,黄义军.全民健身服务实践体系建设研究[M].北京:中国书籍出版社,2012.

[7]王旭东.体育健身原理与方法[M].北京:北京体育大学出版社,2008.

[8]吕树庭,刘德佩.体育社会学[M].北京:人民体育出版社,2007.

[9]郭亚飞,刘炜.社会体育学[M].北京:北京师范大学出版社,2012.

[10]周沛.社区社会工作[M].北京:社会科学文献出版社,2002.

[11]张国华,陈雪红,彭春江.社会体育活动方案设计与组织[M].北京:北京师范大学出版社,2009.

[12]傅浩坚,杨锡让.社会体育指导[M].北京:高等教育出

版社,2012.

[13]王凯珍,赵立.社区体育[M].北京:高等教育出版社,2004.

[14]张丽娜,王诚民,张文波.对国民体质健康研究若干问题的思考[J].理论观察,2015(2):68－69.

[15]魏德样,雷雯.中国省域国民体质发展水平的空间特征与格局演化[J].上海体育学院学报,2018,42(3):33.

[16]曹定汉.走跑与健身[M].合肥:中国科学技术大学出版社,2007.

[17]姜振.自发性群众体育组织在现代社会中的构建与发展[M].成都,电子科技大学出版社,2017.

[18]孟凡强.自发性群众体育组织成因的理论探讨——兼论后续实证研究面临的主要课题[J].体育学刊,2006(2):58－61.

[19]晁铭鑫.自发性群众体育组织的形成与发展探究[J].当代体育科技,2014,4(26):112－113.

[20]冯炎红,张昕.城市自发性群众体育组织形成与发展特点[J].辽宁体育科技,2007,29(3):21.

[21]马龙润,戴俭慧.社会转型期我国自发性群众体育组织的发展困境和培育路径[J].当代体育科技,2017,7(11):177－179.

[22]蒋心萍.广西少数民族体育文化的本质内涵[J].体育科技,2004(1):3－6.

[23]高会军,陈诗强,文永光.广西壮族传统体育文化特性之研究[J].博击(武术科学),2006(8):73－74.

[24]朱奇志.广西少数民族传统体育文化的社会功能[J].武汉体育学院学报,2012,46(3):34－37.

[25]李荣娟.广西少数民族传统体育现状及其价值分析[J].韶关学院学报,2010,31(6):95－98.

[26]韦光辉,蒙玉祝,刘朝猛.广西少数民族传统体育运动会调查研究[J].体育文化导刊,2014(2):16－18.

[27]刘其龙.广西少数民族传统体育运动会可持续发展研究[J].博击(武术科学),2012,9(6):91－93.

[28]秦凯.广西少数民族传统体育活动特征浅论[J].武汉体育学院学报,1992(3):79－82.

[29]彭峰林,袁修军.广西少数民族抢花炮的历程及健身价值研究[J].内蒙古体育科技,2011,24(4):55－56.

[30]姜勇,王天一.论壮族传统体育"抢花炮"的社会价值和现实意义[J].太原城市职业技术学院学报,2010(1):164－165.

[31]黄益苏,张东宇,蔡开明.传统体育运动[M].北京:高等教育出版社,2007.